HERMES

在古希腊神话中，赫耳墨斯是宙斯和迈亚的儿子，奥林波斯神们的信使，道路与边界之神，睡眠与梦想之神，亡灵的引导者，演说者、商人、小偷、旅者和牧人的保护神……

西方传统 经典与解释 **HERMES**
Classici et Commentarii

柏拉图注疏集
Platonis opera omnia
cum commentariis

刘小枫 甘阳 ●主编

论柏拉图《高尔吉亚》的统一性
—— 修辞、正义与哲学生活

The Unity of Plato's *Gorgias*
Rhetoric, Justice and The Philosophic Life

[美]德文·斯托弗 Devin Stauffer | 著

吴立立 林鹿珊 | 译

梁中和 | 校

华夏出版社

古典教育基金·"传德"资助项目

"柏拉图注疏集"出版说明

"柏拉图九卷集"是有记载的柏拉图全集最早的编辑体例，相传由亚历山大时期的语文学家、数学家、星相家、皇帝的政治顾问忒拉绪洛斯（Θράσυλλος）编订，按古希腊悲剧演出的结构方式将柏拉图所有作品编成九卷，每卷四部（对话作品35种，书简集1种，共36种）。1513年，意大利出版家Aldus出版柏拉图全集，被看作印制柏拉图全集的开端，遵循的仍是忒拉绪洛斯体例。

可是，到了18世纪，欧洲学界兴起疑古风，这个体例中的好些作品被判为伪作；随后，现代的所谓"全集"编本迭出，有31篇本或28篇本，甚至24篇本，作品前后顺序的编排也见仁见智。

俱往矣！古典学界约在大半个世纪前已开始认识到，怀疑古人得不偿失，不如依从古人受益良多。回到古传的柏拉图"全集"体例在古典学界几乎已成共识（Les Belles Lettres自上世纪20年代始陆续出版的希法对照带注释的 *Platon Œuvres complètes*，以及Erich Loewenthal在上世纪40年代编成的德译柏拉图全集，均为36种＋托名作品7种），当今权威的《柏拉图全集》英译本（John M. Cooper主编，*Plato, Complete Works, Hackett Publishing* Company 1984，不断重印）即完全依照"九卷集"体例（附托名作品）。

"盛世必修典"——或者说，太平盛世得乘机抓紧时日修典。对于推进当今中国学术来说，修典的历史使命不仅包括续修中国古代典籍，还得同时编修西方古代典籍。古典文明研究工作坊属内的"古典学研究中心"拟定计划,推动修译西方古代经典这一学术大业。我们主张,修译西典当秉承我国清代学人编修古代经典的精神和方法:精神即敬重古代经典,并不以为今人对世事人生的见识比古人高明;方法即翻译时从名家注疏入手掌握文本,考究版本,广采前人注疏成果。

"柏拉图注疏集"将提供足本汉译柏拉图全集(36种+托名作品7种),篇序从忒拉绪洛斯的"九卷集"。尽管参与翻译的译者都修习过古希腊文,我们还是主张,翻译柏拉图作品等古典要籍,当采注经式译法,即凭靠西方古典学者的笺注本和义疏本迻译,而非所谓"直接译自古希腊语原文"。如此注疏体柏拉图全集在欧美学界亦未见全功。德国古典语文学界于1994年着手"柏拉图全集:译本和注疏",体例从忒拉绪洛斯,到2004年为止,仅出版不到8种;Brisson主持的法译注疏体全集90年代初开工,迄今也尚未完成一半。

柏拉图作品的义疏汗牛充栋,而且往往篇幅颇大。这套注疏体汉译柏拉图全集以带注疏的柏拉图作品为主体,亦收义疏性质的专著或文集。编译者当紧密关注并积极吸收西方学界的相关成果,不急于求成,务求踏实稳靠,裨益于端正教育风气、重新认识西学传统,促进我国文教事业的新生。

刘小枫 甘阳
2005年元月

柏拉图注疏九卷集篇目

卷一
1. 游叙弗伦（顾丽玲 译）
2. 苏格拉底的申辩（吴飞 译）
3. 克力同（程志敏 译）
4. 斐多（刘小枫 译）

卷二
1. 克拉提洛斯（刘振 译）
2. 泰阿泰德（贾冬阳 译）
3. 智术师（柯常咏 译）
4. 治邦者（刘振 译）

卷三
1. 帕默尼德（曹聪 译）
2. 斐勒布（李致远 译）
3. 会饮（刘小枫 译）
4. 斐德若（刘小枫 译）

卷四
1. 阿尔喀比亚德前篇（戴晓光 译）
2. 阿尔喀比亚德后篇（戴晓光 译）
3. 希普帕库斯（胡镓 译）
4. 情敌（吴明波 译）

卷五
1. 忒阿格斯（刘振 译）
2. 卡尔米德（彭磊 译）
3. 拉克斯（罗峰 译）
4. 吕西斯（黄群 译）

卷六
1. 欧蒂德谟（万昊 译）
2. 普罗塔戈拉（刘小枫 译）
3. 高尔吉亚（李致远 译）
4. 美诺（郭振华 译）

卷七
1. 希琵阿斯前篇（王江涛 译）
2. 希琵阿斯后篇（王江涛 译）
3. 伊翁（王双洪 译）
4. 默涅克塞诺斯（李向利 译）

卷八
1. 克利托普丰（张缨 译）
2. 王制（史毅仁 译）
3. 蒂迈欧（叶然 译）
4. 克里提阿（叶然 译）

卷九
1. 米诺斯（林志猛 译）
2. 法义（林志猛 译）
3. 厄庇诺米斯（程志敏/崔嵬 编译）
4. 书简（彭磊 译）

杂篇　（唐敏 译）

（篇名译法以出版时为准）

目 录

中译本说明 …………………………………………… 1

前　言 ………………………………………………… 1

第一章　检验修辞家

序曲（447a1–449c8）………………………………… 17

诱陷高尔吉亚，第一部分（449c9–455a7）………… 20

诱陷高尔吉亚，第二部分（455a8–461b2）………… 30

第二章　珀洛斯和关于正义的争论

苏格拉底对修辞术的描述（462b3–466a3）………… 44

修辞家拥有权力吗？（466a4–468e9）……………… 50

转向正义以及"苏格拉底论题"（468e6–470c3）…… 55

珀洛斯对苏格拉底的"反驳"（470c4–471e1）…… 59

苏格拉底对珀洛斯的"反驳"（471e2–481b5）…… 64

第三章　苏格拉底与卡利克勒斯之间的对抗

卡利克勒斯的开篇演讲（482c4–486d1）·············· 85
苏格拉底对卡利克勒斯正义观点的考察（486d2–491d4）········ 93
节制与无节制，以及快乐主义的问题（491d4–499d8）········· 102

第四章　苏格拉底的处境与修辞学的恢复

高贵的修辞术、灵魂的秩序和苏格拉底论题（502d10–508c3）··· 126
苏格拉底的处境、同化问题和自我保护的问题（508c4–513d1）··· 140
卡利克勒斯和他的英雄们，真正的修辞术，以及苏格拉底
　　的真正政治技艺（513d1–522c3）··············· 149
关于来生的逻各斯（522c4–527e7）················· 167

结论：对高贵修辞术的最后反思 ··················· 177

参考文献 ······························· 183
索　引 ······························· 188

中译本说明

本书为望江柏拉图学园二零一三年研读《高尔吉亚》时的主要参考用书之一,由于当时分章阅读后收获很多,因此我邀请当时的主要参与者来承担本书的翻译,以便与更多学友分享。共同研读时的学员们对原书的理解也有很多贡献,如王倩、李雨瑶、陈宁馨、吴崇庆、吕启翔、周毅等,特别是罗磊对译文初稿完成贡献很大,他曾组织最初主要章节的翻译。

最终书稿由学园成员、四川大学哲学系二零一九级外国哲学博士生、成都大学马克思主义学院青年教师吴立立和四川大学历史学院二零一七级博士生林鹿珊统一重新翻译并相互校订。吴立立负责前言和第一至三章,林鹿珊负责第四章和结论,最后由我审校。不当之处请方家、学友不吝赐教!(liangzhonghe@foxmail.com)

梁中和
己亥季秋
成都·棕竹园·杜若轩

前　言

[1] 在现代，很少有哲学家遭受过比柏拉图更多的批评和侮骂。作为古典传统中最伟大的人物之一，柏拉图承受着现代哲学创始人及其追随者的强力攻击，这些人想在他们所认为幼稚的和古代乌托邦失败的地方取得成功。时至今日，对柏拉图的攻击仍未减弱，因为后现代主义者回顾他的作品，是为了寻求他们想要连根拔起的西方理性信仰的源头。但是，尽管如此，柏拉图却从未失去其引人入迷的能力。那些一开始旨在推翻古典哲学理智权威的人，比如马基雅维利和霍布斯，会惊讶地发现他们的敌人仍然吸引着拥趸甚至是信徒。更晚近一些的批评者，诸如德里达和罗蒂同样会错愕，他们推翻柏拉图的尝试最终没有成功。我们对柏拉图仍然保持着严肃的兴趣，这不是现代或后现代一个奇怪的特征吗？

然而，从早期现代到我们的时代，或许恰恰是柏拉图与他的批评者之间的差异，能够帮助我们理解为什么他的作品没有失去吸引力。其中，最能吸引当今读者回到柏拉图的原因之一是，他们感到柏拉图的作品包含了对人类生活和灵魂以及灵魂最深切关注问题的解释，这比现代甚至最伟大的哲学作品所表现的还要丰富和真实。尤其是，现代哲学家强调人类无可否认的恐惧、自利和权力欲望，而未能适当处理我们人性中更崇高的一面和最高的愿望。[2] 这些东西即便并非总是有效，但也或许是对人类本性最为显著的表达。更简单地说，柏拉图吸引读者的正是那些本来就总是吸引着读者，但又因其在现代思想中缺席而更具吸引力的东西，即对什么是最好生活的回答，这种回答通过如此生活着的一个高贵人物的鲜活画像传达出来。

当然，初步感觉到被一个思想家吸引，还算不上理解了他的思想，更不用说评判其思想的合理性。尤其是我们中有些人被柏拉图吸引，只是因为着迷于他所展现的苏格拉底所过的那种哲学生活，但如果我们想要超越现代批评家所批判的柏拉图式空想，就必须将那原初的吸引力，转化为面对柏拉图作品时更严肃的态度。柏拉图对哲学生活的精确解释到底是什么？例如，这种解释如何与他所理解的美德、政治生活以及对人类本性及其所关切者的分析产生联系？

当我们开始探究这些问题以后，可能很快就发现自己陷入柏拉图称之为 aporia［困惑］的状态——一种混乱，或者更字面的翻译是"没有出路"。我们困惑的主要根源在于，阅读柏拉图对话时会面对表面上无序、异常陌生且无可否认令人生畏的世界。柏拉图的对话尽管都具有直接的吸引力，却也极为复杂难解，这种复杂难解也许尤其体现在我刚刚提到的那些基本问题上。诚然，柏拉图的作品也提出一些人类生活中最简单的问题，这也正是其吸引力的一部分，但柏拉图绝不是以简单或直接的方式来对待它们。他的作品的确不是为我们现代崇尚便利和效率的读者写就的。对我们中的许多人来说，阅读柏拉图的体验很可能是吸引和挫败感的混合，或者说，先是经历到最初的吸引，接着就会在理解柏拉图对话所处理的问题上遭遇巨大困难。

没有哪篇对话比《高尔吉亚》更能激发出阅读柏拉图的复杂体验。一方面，在《高尔吉亚》中，柏拉图将苏格拉底呈现为高贵的人物形象，[3] 表明他对道德原则和哲学生活毫不妥协的捍卫吸引了很多钦佩者。特别是在与卡利克勒斯的争辩中，苏格拉底作为英雄进入我们的视野，而卡利克勒斯是柏拉图作品中对哲学生活最直言不讳的批评者。这段对话最难忘的部分，莫过于苏格拉底遭遇并回应一次攻击，该攻击在肖里（Paul Shorey）著名的评论中被称为"欧洲文学史上最为雄辩的非道德主义说辞"。① 苏格拉底与卡利克勒斯之间冲突的张力与重要性，被评论家表述为《高尔吉亚》中"难忘的紧张""道德的炽热与壮丽""广阔的视野与深度"和"特殊的情感力量"。② 如果忒弥修斯归于亚里士多德某篇佚失对话中的故事可信的话，那么上述特质同样也可能使一个科林斯的农民，在阅读《高尔吉亚》之后放弃自己的农田，献身于柏拉图哲学。③ 更明显的是，苏格拉底与卡利克勒斯之间的冲突（特别是苏格拉底在冲突中扮演着英雄的角色），让人更容易理解为什么《高尔吉亚》总是被视作柏拉图最伟大的作品之一，以及为什么在每个阅读柏拉图的时代，包括他自己的时代，《高尔吉亚》都如此盛行。

另一方面，苏格拉底与卡利克勒斯的冲突大概只占对话的一半。如若将该对话视作整体，它马上就变成一个令人疑惑的迷宫，没有了任何清晰统一的主题。很大程度上正是出于这个原因，[4] 大多数《高尔吉亚》阐释几乎将所有精力都投入到对话的第二部分，尤其是

---

① Shorey,《柏拉图说了什么》(*What Plato Said*)，页 154；Dodds,《高尔吉亚》(*Gorgias*)，页 266；Newell,《统治的热望》(*Ruling Passion*)，页 10-11；Kahn,《柏拉图和苏格拉底式对话》(*Plato and the Socratic Dialogue*)，页 126 都曾引用过 Shorey 的说法。另参，Williams,《伦理与哲学的局限》(*Ethics and the Limits of Philosophy*)，页 22："在哲学史的长河中，非道德主义者至少有一次呈现为令人惊恐的角色，那就是在卡利克勒这一人物身上。"卡利克勒斯对苏格拉底的抨击如此有力，以至于许多评论家认为，柏拉图或许对此感到相当的同情。参见 Dodds,《高尔吉亚》，前揭，页 13-14；Jaeger,《教化》(*Paideia*)，卷二，页 137-138；Kagan,《最伟大的对话》(*The Great Dialogue*)，页 161。

② 这些表述引自 Kahn,《柏拉图和苏格拉底式对话》，前揭，页 125；Taylor,《柏拉图》(*Plato*)，页 103；Jaeger,《教化》，前揭，卷二，页 126；Dodds,《高尔吉亚》，前揭，页 31。

③ 忒弥修斯的选段出自 Grote,《柏拉图和其他苏格拉底追随者》(*Plato, and the Other Companions of Sokrates*)，卷二，页 317 注。

在笼统宣告这篇对话的一般主题时。例如,我们说过对话是"面对发言者们对苏格拉底式道德进行最激烈的交替攻击时,为其基本原则作辩护的挑战";① 它的目的在于"以一种献身于超个人利益的示范性生活,对抗'权力意志'至上的典型理论",这样一来,"人生和应该度过它的方式……则是真正的主题"②;"在《高尔吉亚》中柏拉图着手为苏格拉底式正义的信念作辩护",尤其是"迫使一个非常挑剔的对话者接受苏格拉底的信念"。③ 这些主张反映了关于这篇对话的最广泛为人所持有的观点。一般来说,《高尔吉亚》最常被解读为柏拉图呈现其道德立场的关键部分(或者依据一些人的看法,是他立场发展的一个关键阶段),这种道德立场甚至能够克服最激进的非道德主义者的论证和吸引力。④ 但是关于对话的这种观点,主要立足于苏格拉底对抗卡利克勒斯的对话中。我既已引用的主张显示了那种普遍但可疑的倾向,即从《高尔吉亚》后半部分开始,试图去理解整篇对话。无可否认,卡利克勒斯的部分扣人心弦且事关重大,但是如果没有对整个对话进行足够的考量,是否能理解对话的统一性及其真正主题就很可疑。然而,将对话视作一个整体的尝试十分少见,[5] 在我看来,还没有人成功地说明它不同的部分在一起如何能够

---

① Kahn,《柏拉图和苏格拉底式对话》,前揭,页 127。

② Taylor,《柏拉图》,前揭,页 106。

③ Irwin,《柏拉图的伦理学》(Plato's Ethics),页 95。

④ 若忽略一些细节和重点上的差异,这一观点在更广泛的柏拉图思想研究,或整体上讨论古典哲学发展的那些作品中很普遍。因为我们能在很多地方找到这种观点的材料,除了参见以上引述者,另参 Jaeger,《教化》,前揭,卷二,页 136–159;Shorey,《柏拉图说了什么》,前揭,页 141–150;亦参 Voegelin,《柏拉图》(Plato),页 24–45;Santas,《苏格拉底》(Socrates),页 218–221;Seung,《重现柏拉图》(Plato Rediscovered),页 1–7;Romilly,《伯利克勒斯时期雅典的伟大智术师们》(The Great Sophists in Periclean Athens),页 156–160;MacIntyre,《追寻德性》(After Virtue),页 140–141。

相得益彰。①

当然，将目光迅速转到苏格拉底和卡利克勒斯的冲突，这对学者的诱惑很大。不仅因为那个部分的张力和重要性引人注目，而且只要就对话发展作简单概观，便能发现它的复杂和明显的混乱。作品开端讲到，在苏格拉底和卡利克勒斯的冲突之前，苏格拉底抵达雅典某地，在那里著名的修辞家高尔吉亚刚刚结束他修辞技艺的炫示。[6]苏格拉底首先和高尔吉亚对话，接着和高尔吉亚的青年仰慕者——珀洛斯（Polus）对话。总结这段对话以及稍后卡利克勒斯部分对话的主要论题，就足以发现很难把握其中的统一性。

---

① 虽然在浩若烟海的柏拉图思想研究著作中，对《高尔吉亚》的讨论甚多，但这些讨论一般只粗略提及对话的大部分，有些还几乎忽略了上半部分。相关的文章也是如此。很少有足够长的作品完全致力于研究《高尔吉亚》，其中最著名的是 Terence Irwin 和 E. R. Dodds 的两本注疏。虽然这两部作品是对希腊文本的评注，但在他们给出的解释性评论中，并没有将对话作为一个整体予以完整或统一的阐述。稍晚于 Irwin 和 Dodds 作品的是 Ilham Dilman，《道德和内在生活——柏拉图〈高尔吉亚〉研究》(*Morality and the Inner Life—— A Study in Plato's Gorgias*)。但是，Dilman 强调自己的书不是对话的详细解释，而是接近"独立于对话的生命"，对《高尔吉亚》中呈现的诸多问题"作出一连串反思（页 vii）。无论如何，Dilman 的研究以一种非常不同于我本人视角的方式切入，也得出了很多不同的结论。George Plochmann 和 Franklin Robinson 的《柏拉图〈高尔吉亚〉伴读》(*A Friendly Companion to Plato's Gorgias*) 也是这样。他们和我一样寻求对话的统一性，列出九种结论作为结束，以最终尝试为"对话的统一性"提供直观认识"。但是，这些结论更像在说宇宙的统一性，而不是《高尔吉亚》自身各部分间的统一性（参见该书页 350–351）。最后，《高尔吉亚》最有趣和最令人印象深刻的解释之一来自伯纳德特（Seth Benardete）的《道德和哲学中的修辞术》(*The Rhetoric of Morality and Philosophy*)，这本书一半都在写《高尔吉亚》。虽然我从伯纳德特的研究中获益匪浅，但是他很多吸引人的言论都以某种神秘的方式拼接起来，这种方式似乎更能引导读者沿着有趣的路径反思，而不是呈现一条从文本表面通往对话统一性解释的明晰道路。

在和高尔吉亚讨论了修辞技艺的特点以及它和正义的关系后，苏格拉底与珀洛斯争论起修辞术的高贵性，然后便开始了更长的关于僭主制的诱惑以及行不义与遭受不义哪个更坏的论证。苏格拉底和珀洛斯辩论的结论，特别是他们都同意行不义比遭受不义更糟糕这一点，促使卡利克勒斯进入对话。卡利克勒斯通过一段冗长的演说回应了苏格拉底扼要的挑衅，他对苏格拉底和珀洛斯争论的焦点以及苏格拉底的整个生活方式进行了猛烈的抨击。卡利克勒斯的攻击将交谈指向最好生活的问题，似乎开始让对话变得清晰。但是紧随其攻击，苏格拉底先是回到正义的问题上，然后突然从正义问题转而讨论节制和自制。接着节制和自制的讨论，是对享乐主义的批评，在这之后苏格拉底又回到修辞术的主题，并花了一些时间讨论美德和政治的正当目的问题，最后再返回到修辞术以及哲学生活与政治生活之间的冲突上。

然而，这样总结对话过于简单，没能涵括其他诸问题，比如惩罚的主题、自我保护的问题以及在对话最后关于来世的解释。怎样才能把对话表面上的混乱连贯起来呢？

只有将对话作为整体来仔细研究，紧随每一次扭结和转变，时常检查各部分之间的联系，《高尔吉亚》的统一性才能呈现出来。《高尔吉亚》甚至超出柏拉图对话的典型，其间奇怪的段落、成问题的论证和令人困惑的转变比比皆是。解读对话只有从表面开始，穿过那些特别是表面上的复杂性，才有希望合理地揭示出对话实际上究竟在讲什么。[7] 我在下文将尝试使用这种解读方式，努力避免给对话强加不适当的秩序。我认为，与其一开始就咬定一种关于对话的意义或者最终目的，毋宁追随对话自身的思路，提出并全力解决这些问题，就像它们在文本思考过程中提出来的那样。同样我也尝试考虑对话的诸主题以及它们之间的联系，从而逐步揭示这些主题。简言之，我在写作中尝试重现的东西更接近于我的阅读经验和对对话的反思。

诚然，我的方法有些违背最常见的分析和表述模式，那种模式在论证的清晰性和结构上颇具优势。但是对我而言，柏拉图自身的写作技艺似乎需要一种不受传统做法约束的阅读和写作模式。在此暂不深入柏拉图对话形式之重要性的复杂论证，让我先陈述我的基本观点。①

柏拉图对话的写作是开放的、戏剧式的，充满了谜题、混乱，甚至是有意的瑕疵论证。因此，读者阅读时，需要的就不仅仅是接受他面上所表达出来的信息和论证。柏拉图的对话要求读者好奇、疑问甚至是推测，并在之后的段落去检验推测，尤其需要以一种立刻会导致超出文本的方式来思考讨论中的问题，然后继续回到柏拉图所展示的对话细节和发展中。我认为解读和研究柏拉图的传统方法在清晰度和秩序上更胜一筹，[8]但是这些方法迷失在解释的武断中，将段落抽离文本，为柏拉图写作强加不属于其自身的结构。正是因为这些原因，我认为在解释一开头就给出一个完整的描述反而事与愿违。穿越柏拉图对话的旅程应该是循序渐进的探索之旅，如果在出发前就宣布目的地，那么这个过程就扭曲了。

即便如此，就《高尔吉亚》中的议题及其在柏拉图作品中的位置来看，我还是想稍加说明，以提供一些方向。如前所述，在接下来的研究中，我会尝试跟随《高尔吉亚》文本自身的推进，或者跟随文本

---

① 关于柏拉图对话的特点及读法，有非常多精彩的讨论。这些是我发现最有价值的：Klein，《柏拉图〈美诺〉疏证》(*A Commentary on Plato's Meno*)，页 3-31[译注：中译本见《柏拉图〈美诺〉疏证》，郭振华译，华夏出版社，2011]；Strauss，《城邦与人》(*The City and Man*)，页 50-62，《柏拉图政治哲学新解》("On a New Interpretation of Plato's Political Philosophy")，页 348-352；Alfarabi，《柏拉图的〈法义〉》("Plato's *Laws*")，页 84-85；Schleiermacher，《论柏拉图对话》(*Introductions to the Dialogues of Plato*)，页 17-18[译注：中译本见《论柏拉图对话》，黄瑞成译，华夏出版社，2011]；Bolotin，《哲学生活和灵魂不朽》("The Life of Philosophy and the Immortality of the Soul")，页 39-41；《柏拉图对话中的"友爱"》(*Plato's Dialogue on Friendship*)，页 12-13；Sallis，《存在与逻各斯》(*Being and Logos*)，页 1-6；Ahrensdorf，《苏格拉底之死和哲学生活》(*The Death of Socrates and the Life of Philosophy*)，页 3-7。

的发展，如其所是地展现对话自身。但是还有一点非常重要，就是要记得个别对话与其他更多对话的关系，它们一起才构成柏拉图思想的整体。这是什么意思呢？因为事实上有许多种看待柏拉图作品的方式：看重其整体目的、为其排列次序、将其分类等等。只要去细思某单篇对话所处地位的尝试，似乎就会将人置入难题的海洋，这些难题长久以来都是人们争论不休的主题。正如柏拉图对话形式的重要性这个问题一样，这些争论显得过于宏大，不能在此讨论细节。①

然而，我必须承认，在接近柏拉图作品时，最为重要的是总体考察这些作为整体的对话的最明显的主题。那就是苏格拉底式的生活。因此，柏拉图自己似乎推荐了一种方法，首先是集中在他对苏格拉底生活的描述上，然后遵循对话所提供的指示，进一步说明这些指示对我们理解苏格拉底的生活有何助益。[9] 不像通常的进路努力想揭示柏拉图本人思想的发展——据说柏拉图的思想后来远离了作为其起源的苏格拉底思想——上述进路不仅和对话表面一致，而且和柏拉图的主张一致，即没有什么柏拉图的作品，那些署名为柏拉图的作品都属于"年轻美丽"的苏格拉底。②

---

① 对这些争论最有益的探讨来自 Kahn,《柏拉图和苏格拉底式对话》，前揭，页 36–48。Kahn 尤其讨论了这些争论如何起源于 19 世纪 Friedrich Schleiermacher 和 Karl Friedrich Hermann 之间的分歧。还有主题类似但与 Kahn 视角不同的论述，参见 Irwin,《柏拉图的伦理学》，前揭，页 3–16；Vlastos,《苏格拉底：讽刺家和道德哲学家》(Socrates, Ironist and Moral Philosopher)，页 45–106。

② 《书简二》(Second Letter)，314c2–4。柏拉图这一说法指出了他所描绘的苏格拉底形象的核心重要性，但也暗示出这一形象可能是对历史上的苏格拉底的美化。《书简二》中的这段说法应与《书简七》(Seventh Letter) 341b7–342a1 连起来看，这个部分是柏拉图关于他本人的写作的另一个重要陈述，它与《书简二》中的描述相吻合。尽管柏拉图书信的真实性已经受到了挑战，但是 Morrow,《柏拉图的书信》(Plato's Epistles)，页 3–16 对其真实性进行了有力的辩护。亦参 Caskey,《再谈柏拉图的〈书简七〉》("Again—Plato's Seventh Letter")，页 220–227；Rosen,《柏拉图的〈会饮〉》(Plato's Symposium)，页 xiii–xviii。

如果用这种方法对待柏拉图的对话，有一篇对话几乎立即显示出它是一个合适的起点，并且能作为其他篇目的指南，那就是《苏格拉底的申辩》(Apology of Socrates)。这篇对话发生在苏格拉底生命的最后阶段，但却包含了对他一生最直接的描画。正如《申辩》所载，苏格拉底在审判中的辩护演说，甚至是某种形式的苏格拉底自传。依据这个自传，苏格拉底生命中最为重要的、赋予他生命以清晰特点的事件，便是他曾获得一道神谕，这道神谕是在德尔斐与神对话的女祭司说的：没有人能在智慧上超过苏格拉底(《申辩》20c4-21b5)。苏格拉底将自己余生的绝大部分时间用于检验城邦民，以此作为回应神谕的一种方式，从而也生发出他哲思的独特形式(《申辩》21b8-23c1)。

　　无论人们如何看待苏格拉底对德尔斐神谕的回应，不管是将其作为虔敬的典范加以赞赏，还是对其不情愿向神的权威俯首而吃惊，它的结果之一，正如苏格拉底强调的那样，是激起了他所在城邦的许多城邦民的忿怒。[10]这个结果并非不可预见，因为苏格拉底对那些声称智慧的人进行检验(这些人大多是他的同胞公民)，不仅导致许多杰出雅典人蒙羞，同时也暗示他拒绝了传统或正统的正义、高贵观以及其他重要观点。① 更糟的是，苏格拉底并不限于自己拒绝这些，还至少把同样的观点扩散到了一些追随他的年轻人那里。② 即使是在雅典，这个与最严格的古代城邦远远不同的地方，这种异端学说都不只让其从公共信仰的舒适圈中被驱逐而已。我们不能忘记一个简单事实：苏格拉底之所以被审讯，是因为有人指控他在生活中不信神和败坏青年。如果我们难以理解雅典人的暴怒，那只反映了我们现代的自由政治秩序与早前的大不相同，因为早前的秩序还没有受现代努力的影响，这种努力旨在消除导致苏格拉底之死的冲突。简而言之，

---

① 尤参，《申辩》21c3–23a7。
② 参见，《申辩》23c2–d1, 33b9–c4。

《申辩》中呈现的苏格拉底的一生，是他确认并坚定地走向解释生活和城邦之冲突的道路。《申辩》教导我们永远不要忘记苏格拉底持续不断发问的行为，也不要忘记他通过雅典城邦对这种行为作出的最终回应。

当我们处理柏拉图其他对话的时候，应将《申辩》中呈现的苏格拉底式生活铭记于心。对《高尔吉亚》尤其如此，因为《高尔吉亚》和《申辩》于小于大都有关联。较为次要的联系出现在《高尔吉亚》的开端，苏格拉底和他的朋友凯瑞丰（Charephon）一同出场，《申辩》中也是这个凯瑞丰询问了德尔斐神谕的关键问题。而在更为明显的联系中，最清楚的是：两篇对话都以修辞术的卓越性作为主题。在《申辩》中，苏格拉底否认自己曾经练习或教授过修辞术，他追溯了城邦对他的敌意，[11]某种程度上，他被人诽谤多年，却从未有人站在他这边为其发声。①苏格拉底接着说，如果他本人以及与他志同道合的人更愿练习修辞术的话，修辞术可能会保护他。这点又与另一个宏大的问题相关，这个问题同样将《高尔吉亚》与《申辩》联系起来，以宽泛的术语来讲，这个论题被称为苏格拉底生活的可辩护性和高贵性。在《申辩》中，紧随苏格拉底的"德尔斐"自传以及他对官方指控直接回应的部分，苏格拉底提出一个听起来像极了卡利克勒斯在《高尔吉亚》中给出的反驳。苏格拉底想象自己是其生活可能的批评者，他讲道：

> 或许有人会说："你不断追求如今招致杀身之祸的事，难道不觉得懊悔吗？"（《申辩》28b3-5）

不仅这个反驳听起来仿佛出自卡利克勒斯之口，而且苏格拉底

---

① 参见，《申辩》17a1-18c8。

在《申辩》中的回应也与他在《高尔吉亚》中采取的立场非常相似。最重要的是，在两篇对话中他都主张，对名声和安全的考虑应当从属于对正义的考虑。① 然而，至少在《申辩》中苏格拉底用同样理由来回应自己提出的反驳，并因此让自己展现出如同伟大的阿喀琉斯（Achilles）般的英雄形象，这个事实值得我们驻足深思。② 不仅如此，当苏格拉底表明他的生活如同阿喀琉斯，将正义置于其他考虑之上，尤其是在对自己生活的关心之上时，他就可以继续回应那可理解的问题了：通过指出政治活动对他生活的危险，表明为什么他对正义的献身并未使他转向政治。③

《申辩》这个关键部分的文本、角色以及看似矛盾的苏格拉底的自我陈述，[12] 都可能会引导我们思考其中的目的。难道苏格拉底自导自演了对"卡利克勒斯式"反驳的回应，是力图在其最公开和难忘的演说中为自己赢取一定的名声？换句话说，尽管苏格拉底拒绝修辞术，但我们也有理由怀疑，他的审判演说是不是真的没有任何修辞成分？或者苏格拉底对修辞术的态度会不会比他明确指出的更为开放？事实上，这样的结论需要考察苏格拉底更关心的问题——名声和名声所带来的好处，而不仅仅是他在自我陈述中所说的。但是这个自我陈述某种程度上——即便不说是内核上——难道不也是一种修辞吗？

如果《申辩》让我们思索诸如此类的问题，那么《高尔吉亚》或许能提供帮助。因为我们发现，《高尔吉亚》对修辞术以及苏格拉底自身生活的可辩护性和高贵性这两个问题，都有更完整的处理。我方

---

① 将《申辩》28b5–30c1 同《高尔吉亚》508c4–513d1、521b4–522e6 对照。
② 参见，《申辩》28b3–29b9。
③ 对参《申辩》28b5–31c3 与 31c4–33a1（尤其是 32e2–33a1）。亦可依据 21a2–c2 思考 28d5–29a2。

才在《申辩》中提出的类似问题，会在考察《高尔吉亚》时浮现出来。例如，我们将会考虑，苏格拉底关于正义的著名论证，包括其惊人主张"行不义总是所有恶中最恶的，因此它总是比遭受不义更坏"，是否应解读为他自己信念的直白表达。另外，我们如何理解苏格拉底经常被忽视的那种状态，即他并没有为他认为是真的观点去辩护，而只是占据一种立场，在这种情形中，谁反驳他谁就会陷入谬误。难道苏格拉底对这种立场的辩护更多是为了揭示人类对正义的深度关切，甚或揭示珀洛斯和卡利克勒斯那些看似犬儒的灵魂中的关切，而不是在展示他自己内心最深处的信念？或许当苏格拉底为其观点作辩护，以及英雄般抵制"卡利克勒斯式"的诱惑时所呈现的自身生活，指向的是一种比高尔吉亚的诡辩修辞更高贵的修辞术形式？就最后一点而言，众所周知《高尔吉亚》包含着对修辞术严厉的批评。实际上，[13] 作为对话最令人印象深刻的特征，这一批评仅次于苏格拉底与卡利克勒斯的冲突。

但是把对话作为整体来彻底思考，将会挑战苏格拉底对修辞术只持批评态度这个一般性的结论。我将表明，苏格拉底对修辞术的批评应理解为对一种特定类型的修辞术而非修辞术本身的批评。这个令人惊讶的结论，与那些悬而未决的、将产生苏格拉底关于正义主张的真正特征和意图的问题，会一起导向《高尔吉亚》的新观点。而这个新观点将从根本上帮助我们以新的眼光看待苏格拉底，并更好地理解他所过的哲学生活。

最后，由于《高尔吉亚》修辞术与哲学生活主题的重要性，柏拉图自己的文学—修辞方案也得到了新的阐释。我们可以发现，柏拉图运用文学—修辞方案，最充分地表达了《高尔吉亚》中的主题和问题，给我们勾勒出一个年轻貌美的苏格拉底形象。

在结束这个引言并进入我对《高尔吉亚》研究的主体内容之前，我应该就我工作中使用的学术资源多说一句。我的解释受其他学者的影响，包括古典学家、哲学家和政治理论家。来自柏拉图学界的一个挑战是，要综合或至少对诸多不同的解释予以适当的考虑，而这些解释在处理柏拉图作品时方式又各各不同。因此我尽量客观地倾听评论家们的声音，向他们学习，尽管他们以非常不同于我的假设和兴趣来处理文本。我同样深受施特劳斯（Leo Strauss）1957 和 1963 年《高尔吉亚》课程稿本的影响。这两个本子对于我形成关于《高尔吉亚》的观点，其影响相当于我曾经读过的所有文本。我同样从多兹（E. R. Dodds）的权威译本和他卓越的评注中获益良多。除非另行标记，[14] 我文本主体部分的所有引用均采用多兹的《高尔吉亚》编本。另外，我时常查阅尼克斯（James Nichols Jr）的最新翻译，同时自己完成了文中的希腊语译文。所有其他古典文本的参考都在脚注中附上，它们采用最通行的希腊文编本，其中柏拉图作品的希腊文本采用伯奈特（John Burnet）编辑的牛津版。

第一章　检验修辞家

[15] 根据长短不同，《高尔吉亚》被分为了三个主要部分。其中，最短的部分是苏格拉底与高尔吉亚的开场对话，紧随其后的是同珀洛斯较长的交谈，接着是苏格拉底与卡利克勒斯更长的争执。对话从简短到冗长，似乎反映对话强度的不断增加。也就是说，相比高尔吉亚，珀洛斯部分的戏剧张力更大，主题意义更深远。反过来，珀洛斯又被卡利克勒斯的部分超越了。[①] 然而，正如我在前言强调的，即使面对这样的行文布局，我们也不该忽略对话的统一性这个重要问题：什么把这三个部分连接在了一起？同时我们也不要忘记这篇对话叫做《高尔吉亚》，这个题目或许意在提醒读者注意开篇对话的特殊重要性，因为它以某种方式蕴含了通往统一性的关键。

这篇对话之所以被命名为"高尔吉亚"，更明显的原因在于，高尔吉亚是对话开始时苏格拉底想与之交谈之人（447a1-c4）。并且他也是目前为止苏格拉底三个对话者中最声名显赫的。无需介绍，高尔吉亚在他那个时代以及之后数代都是古代最著名的修辞家和修辞教师之一。[16] 高尔吉亚尽管来自西西里岛，却是一个游历四海的人，

---

① 许多研究者都强调了对话的这个特点，参见 Friedländer,《柏拉图》，前揭，卷二，页 244；Taylor,《柏拉图》，前揭，页 115–116；Jaeger,《教化》，前揭，卷二，页 138；Dodds,《高尔吉亚》，前揭，页 4–5；Voegelin,《柏拉图》，前揭，页 28；Kahn,《柏拉图〈高尔吉亚〉的戏剧和辩证法》（"Drama and Dialectic in Plato's *Gorgias*"），页 76。

终其一生游访于各个城市。他的旅行是商业之旅,他在旅行中寻找可以欣赏自己修辞技艺的听众和能授以修辞术的学生。由于他教授高明演讲之术需要收取费用,且在某种意义上他也确实是个"智慧的人",因此,宽泛地讲,高尔吉亚可以划入"智术师"的行列。① 然而,由于高尔吉亚否认自己教授美德,因此又有别于许多智术师,特别是智术师中最著名的普罗塔戈拉(Protagoras)。

不同于普罗塔戈拉和其他智术师,高尔吉亚把他的教授范围限制在修辞术上;他为自己强加这一限定,并非出于谦虚,而是对那些宣称自己教授美德的人表示鄙夷。② 如果排除教授美德的价值,高尔吉亚对于自己的定位恰恰和普罗塔戈拉一样高。如果传闻可信的话,高尔吉亚实际上自视甚高。他喜欢穿着紫色长袍出现在公共场合,这长袍的样式和波斯国王的相近;当他造访德尔斐时,他的献礼是自己的金色塑像。③

---

① 在《希琵阿斯前篇》(*Greater Hippias*)中,苏格拉底提到高尔吉亚,说他是"来自莱昂蒂尼(Leontini)的智术师"(282b4-5)。高尔吉亚是否应被认作智术师,是一个相当有争议的问题。最直接讨论该问题的是 Harrison,《高尔吉亚是智术师吗?》("Was Gorgias a Sophist?"),页 183-192;亦参 Kerferd,《智术师运动》(*The Sophistic Movement*),页 26、44-45[译注:《智术师运动》,刘开会、徐名驹译,兰州大学出版社,1996];Rankin,《智术师、苏格拉底学派和犬儒学派》(*Sophists, Socratics and Cynics*),页 35-45;Romilly,《伯利克勒斯时期雅典的伟大智术师们》,前揭,页 2、60-73、95-97;Consigny,《高尔吉亚、智术师和技艺师》(*Gorgias, Sophist and Artist*),页 1-32;Dodds,《高尔吉亚》,前揭,页 6-10。

② 参见《美诺》95b9-c4;亦参《斐勒布》58a7-b3,《希琵阿斯前篇》282b4-c1。对比《普罗塔戈拉》316c5-320c4。

③ 参见 Dodds,《高尔吉亚》,前揭,页 9;Philostratus,《智术师列传》(*Lives of the Sophists*),I, 9.1-6。关于高尔吉亚的骄傲和财富,亦参 Romilly,《伯利克勒斯时期雅典的伟大智术师们》,前揭,第五章,页 35-36;Kerferd,《智术师运动》,前揭,页 26。

在《高尔吉亚》中，高尔吉亚其人充分展示了自己的骄傲。他吹嘘他能解答所有向其提出的问题（447b6-448a2），还哀叹多年都未有人问过他新的问题（448a2-3），并且宣称自己不是一个普通的修辞家：

> 如果你愿意的话，请称呼我为一个好的修辞家，正如荷马所言，[17] 我愿是我所是。（449a7-8）

对话伊始，当苏格拉底到达时，高尔吉亚刚刚结束了其能力的展示。苏格拉底从卡利克勒斯（高尔吉亚走访雅典期间一直同他待在一起）那里了解到，他因太晚露面而错过了这场演说盛宴（447a1-6）。①

序曲（447a1–449c8）

苏格拉底把迟到归咎于他的同伴凯瑞丰，因为凯瑞丰拉着他在集市上逗留，这才错过了高尔吉亚的修辞术炫示（447a7-8）。然而，相对于他的迟到，更需要给出解释的一点似乎是，苏格拉底究竟是否想

---

① 《高尔吉亚》中对话发生的准确地点尚未确定。一些人认为对话发生在卡利克勒斯的家里，但是 Dodds 令人信服地证明，对话更可能发生在某一不确定的公共建筑内，高尔吉亚向来在那里发表演说。Dodds 认为，主要参与者在建筑外初次碰面之后，又走到了室内。参见 Dodds，《高尔吉亚》，前揭，页 188。参照 447c7、d6。亦参 Saxonhouse，《柏拉图〈高尔吉亚〉中心照不宣的主题》（"An Unspoken Theme in Plato's *Gorgias*"），页 141; Taylor，《柏拉图》，前揭，页 106。

对话发生的日期也不确定。由于文本中一系列相互冲突的佐证，《高尔吉亚》的"戏剧日期"不可能得以确立。针对这个问题，详见 Dodds，《高尔吉亚》，前揭，页 17–18; Seth Benardete，《道德和哲学中的修辞术》，前揭，页 7; Taylor，《柏拉图》，前揭，页 104–105; Fussi，《为什么〈高尔吉亚〉如此尖涩?》（"Why Is the *Gorgias* So Bitter?"），页 42。

来这里。对话开篇促使我们综合考虑这些问题:为什么苏格拉底被拖延在了集市上?还有,为什么他急着丢下集市上的事情来见高尔吉亚?如果我们考虑到让苏格拉底滞留在集市的那个人——凯瑞丰,那么第一个问题的可能答案就浮现出来。此处的凯瑞丰和《申辩》中的凯瑞丰是同一人,这点可能并非巧合。根据苏格拉底在《申辩》中的自述,凯瑞丰提过德尔斐神谕中的著名问题:"有人比苏格拉底更智慧吗?"这促使苏格拉底开始努力去检验他的公民同胞,以此来测试神谕"没人在智慧上能超过苏格拉底"的真实性。①[18] 神对凯瑞丰的回答使得这样的检验变得必要,而由于这样的检验恰好发生在公共场合,②因此,苏格拉底说自己被凯瑞丰强拉在集市上逗留,或许有更深的意味。不管问题中的强迫性究竟如何,③苏格拉底"在集市上逗留"可能是指,他被"强迫"花费时间去检验那些宣称拥有知识的同胞公民。换句话说,指他的辩证式盘问活动,这种活动自他生命的某个时候起成了他追寻智慧的中心。④如果这是苏格拉底所暗示的,那么他意欲同高尔吉亚交谈看起来就背离了之前的行为,尽管这也可能与之相关。苏格拉底在集市上的所为,有没有可能以某种方式促成了他急于寻访高尔吉亚?为了避免过多的猜测,现在让我们只留意一点,即苏格拉底在集市上未经确认的活动构成了《高尔吉亚》展开的背景。

---

① 参见《申辩》20e6–21b9。在《高尔吉亚》的开篇部分,凯瑞丰扮演的角色让这篇对话与《申辩》建立起联系,这点 Saxonhouse 也有提及,见其《柏拉图〈高尔吉亚〉中心照不宣的主题》,前揭,页 140–141,以及 Seung,《重现柏拉图》,页 28。

② 参见《申辩》21b8–23d2、29c6–31a7。

③ 参照《申辩》37e3–38a8。

④ 描述苏格拉底"转"向其独特的辩证活动的作品,除了《申辩》20c4–23d2,还有《斐多》96a6–102a1。亦参《斐德若》229c6–230d5; Xenophon,《回忆苏格拉底》(*Memorablia*),第一章 2.11–16。Bruel,《苏格拉底的教育》(*On the Socratic Education*),页 142–148,可以帮助解释《申辩》文本。

苏格拉底声称，他来见高尔吉亚的原因是希望"向他（高尔吉亚）学习男儿技艺的力量，以及他宣扬和教授的是什么"（447c2-3）。现在，最直接学习这些东西的方法似乎就是观看一场高尔吉亚的演示，正如苏格拉底到达之前就已经完成的那种。但是苏格拉底却拒绝了高尔吉亚再来一次的提议，而希望代之以与其对话（dialechthēnai）（447b1-c4）。苏格拉底更倾向于对话而不是演示[19]，这种似乎不那么直接满足其来意的方式，也让他拜访高尔吉亚的真实意图更加扑朔迷离。更令人迷惑的是，苏格拉底决意让凯瑞丰打头阵，而并非由自己直接询问高尔吉亚（参见447b8-d5）。通过对凯瑞丰的不断督促和引导，苏格拉底在凯瑞丰和珀洛斯之间挑起了一番小规模的论战。前者是瘦弱无力绰号为"蝙蝠"的凯瑞丰（他可能是苏格拉底众多奇怪朋友中最奇怪的），①后者是高尔吉亚的仰慕者珀洛斯，他有一个恰如其分的绰号"马驹"，他跳出来代替高尔吉亚回应提问。"蝙蝠"对峙"马驹"，或者说一个山寨版的苏格拉底对峙一个山寨版的高尔吉亚。最终，本应是对高尔吉亚技艺特点的检验，结果却导向珀洛斯对高尔吉亚技艺的赞美演说而以喜剧收尾，演说中珀洛斯称高尔吉亚的技艺是所有技艺中最高贵的（447d6-448c9）。

　　由于凯瑞丰没能扮演好质询者的角色，苏格拉底必须介入来反驳珀洛斯的演说。我们可以保守地推断，苏格拉底根本不打算让凯瑞丰帮他做所有事情，同时也不想花费太多时间和珀洛斯交谈。他将珀洛斯推开，以便能同高尔吉亚对话。苏格拉底对高尔吉亚批评珀洛斯的演说：珀洛斯并没有靠讲明高尔吉亚的技艺，即说清楚它是什么，来回答凯瑞丰的问题，而只是赞美高尔吉亚的技艺，就像有人指责它一样（448d1-e4）。换句话说，苏格拉底批评珀洛斯给出的是修辞式而

---

① 凯瑞丰的特别使其成为阿里斯托芬最爱嘲弄的对象。参见《云》，行104、144以下、503–504、831、1465；《鸟》行1296、1564。

非辩证式的答案。在这样的批评以及苏格拉底对此更详细的阐述下（448e6-449a2），修辞术与辩证法之间的重要差别开始从前期纷繁的争论中显现出来（尤参448d9-d10）。据苏格拉底称，这两者之间最明显的不同是：修辞学往往长篇大论，而辩证法则是简明扼要的问答（449b4-c6）。但是，通过对珀洛斯演讲的批评，苏格拉底也指出另一点不同，[20] 这也许更为根本：修辞术是赞美某事物，仿佛有人正在指责该事物似的；辩证法则是讲明该物是什么（再参 448e3-e7）。①

因此，甚至在与高尔吉亚展开对话之前，苏格拉底就成功把高尔吉亚的修辞技艺与自己的辩证技艺之间的差异（或更准确地说是差异性问题）呈现了出来。诚然，苏格拉底刚开始似乎对修辞术持批评态度。但我们必须牢记于心的是，修辞术正是苏格拉底前来与高尔吉亚讨论的技艺。换句话说，戏剧场景可以有助于理解这场对话。正如我们之前所见，苏格拉底离开集市——那个我们可以猜想他在践行辩证法的地方，去往最著名的修辞家之一那里询问修辞术。在他们对话序曲部分的结尾，苏格拉底已经确保高尔吉亚同意来一场辩证的讨论。但是，这是关于修辞术的辩证讨论，而且我们可以猜测，这场讨论就其目的而言，不同于苏格拉底的"集市辩证法"。无论如何，我们刚刚考察的序曲并没有解决苏格拉底对高尔吉亚的兴趣之谜，而仅仅是引入这个谜题。

诱陷高尔吉亚，第一部分（449c9–455a7）

如果序曲已经揭示了修辞术的一些特点，那么，苏格拉底开始询问高尔吉亚关于技艺问题时所举的类比，或许传达了某些更深层的东

---

① 参见 Nichols，《柏拉图〈高尔吉亚〉中正义的修辞术》（"The Rhetoric of Justice in Plato's *Gorgias*"），页 131–132："苏格拉底认为，辩证法力图讲明事物是什么，修辞术则通过宣称某物是怎样的来赞美或指责它。初看之下，修辞学包含赞美和指责，而辩证法追求的是更基础或更理智的知识。"

西。苏格拉底的类比是织布和作曲的技艺（449d2-4）。尽管他提及这些技艺仅仅是为了举例说明，不同的技艺与不同的存在者相关（例如，织布术与衣服制品"相关"[peri]），[21]但是，苏格拉底选用这两种技艺加深了我们的怀疑，即他对修辞知识的运用可能比他透露的更娴熟。因为，难道修辞术不能描述成一种制造防护性"衣服"的织布术吗？只是它运用言辞而非纺线。① 难道修辞术不是以一种类似音乐的方式使人激情汇聚、灵魂着迷吗？② 这些迹象表明苏格拉底之前并非对修辞术一无所知，但是他想从高尔吉亚那里学习修辞术的样子仍然表现得十分迫切。

苏格拉底对高尔吉亚的提问开启了他们的对话："修辞术是关于什么的？"（449d1-2）或者这样说："它是处理什么的，是不是一门知识？"（449d9）高尔吉亚最初的回答是"关于言辞的"（449e1）。但是，苏格拉底立即指出修辞术肯定不是关于所有言辞的；例如，它就不是向病人说明怎样生活会变得健康的言辞（449e1-4）。如果我们把这个例子和先前的类比要传达的内容相结合，那么，我们得出的结论是：修辞术更类似于一门通过制造衣服来提供防护，或者影响人们激情的技艺，而不是一门阐明如何通往真正健康的技艺。

然而，苏格拉底当前的目标并非亮明他对修辞术的看法，而是从高尔吉亚这个所谓的大师那里学习这门技艺。更精确地说，如我们所见，这是苏格拉底宣称的目的。苏格拉底关于修辞术的开篇问题，仅仅是对高尔吉亚技艺之本性的长篇检验的开始。这个检验将最终导致高尔吉亚陷入苏格拉底的圈套：高尔吉亚将被诱陷而犯下一个至关重要的大错，这将让苏格拉底赢得胜利。既然他们的对话以这种方式结束，且我们已然有足够理由对苏格拉底接近高尔吉亚的动机产生怀

---

① 对照《普罗塔戈拉》316d3–e5。
② 对照高尔吉亚，《海伦颂》(*Encomium of Helen*)，行 8–11。

疑，并猜测苏格拉底了解的修辞知识比他所标榜的要多，那么，[22] 我们就应该清醒地保持我们的疑问，即苏格拉底宣称的目的是否是他的真实目的。然而，我们在跟上苏格拉底对高尔吉亚的检验节奏之前，最好先不要对其真实目的作出判断。而要考虑苏格拉底为什么要诱陷高尔吉亚，我们须先看清他如何使高尔吉亚落入陷阱。

苏格拉底已经用两种方式陈述了他用来诱导高尔吉亚的问题。其中第二种阐述，把修辞术说成某种"知识"（epistēēmē，449d9），已经颇有成效地把高尔吉亚的注意力直接引向修辞家所具有的知识，高尔吉亚也承认他将修辞家看作是有知识的人（参见449e5-6）。然而，这样的推进使得苏格拉底给高尔吉亚设定的任务，即把高尔吉亚的修辞术从其他技艺中区分出来变得更加困难，因为其他诸种技艺也可以描述成"关于言辞的"，这些言辞关乎其各自具有的知识的技艺主题（尤参450b1-2）。例如，医学的技艺关乎（疾病的）言辞，体育的技艺关乎（或好或坏的身体状况的）言辞。苏格拉底问，难道诸如此类的技艺会因为是"关于言辞的"而被看作"修辞术的"吗（450a3-b5）？高尔吉亚第一次尝试逃离困境时，并没有指出修辞术在众多拥有知识的技艺中所独有的特殊主题，而只是提出"修辞术因其完全依赖言辞而不同"。按照高尔吉亚的说法，修辞术不同于其他技艺，是因为这些技艺都包含某些由工匠知识所指向的"手工艺"，而修辞术的"整个活动和效力都通过言辞实现"（450b6-c2）。但是这个说法不够充分。因为，虽然很多技艺确实包含大量的手工，但苏格拉底提醒高尔吉亚，修辞术并非唯一完全通过言辞来运作的技艺。计数、运算、几何、下棋和许多其他技艺都只包含少量手工，如同修辞一样，仅仅依靠言辞来运行（450d4-451a6）。因此，苏格拉底重申了对高尔吉亚的提问：

> 来试着说说吧，这个所谓"力量内蕴言辞之中"的修辞，究竟是关于什么的。（451a6-7）

[23] 苏格拉底继续用相当大的篇幅来解释不同技艺如何"关于"不同主题（参见 451a7-c9），这使高尔吉亚贯穿对话开篇部分的简短回答显得更加醒目。事实上，这是高尔吉亚最初尝试区分修辞术和其他技艺时给出的最惊人的特征。苏格拉底更长的发言之后，高尔吉亚的回答却如此醒目地简洁，以至于越来越难以将此仅仅解释为，高尔吉亚不想让他那句玩笑式的自夸落空，即他要证明他强大的修辞本领还包括无法超越的简洁回答的能力（见 449b6-c8）。如果我们反思当前的话题，让高尔吉亚如此不积极的更严肃的原因就会自动呈现出来：当前的话题是修辞术与其他技艺的差异性。正如苏格拉底所示，在其他技艺中，其言辞都是关于这种具有知识的技艺主题，也就是说，它是关于技艺注解（pragma）的言辞（尤其再次参见 450b2-3）。然而这点在修辞术的例子中就值得怀疑了。修辞家所说和所知果真一样吗？还是相反，即当修辞家给出一些有关正义、不义和其他类似问题的重要言论时，他知道的与其说是这些主题本身，不如说是关于这些主题的言辞施加在人们灵魂上的影响？① 假如是这样，那么修辞术的真正主题就仅仅在某种意义上才是言辞。但在更深层和更严格的意义上来说，其主题则应该是激情或者人的灵魂，与修辞家所谈论的主题正相反。

但是，为什么这会让高尔吉亚做出极其简短的回答呢？为什么他没有指出修辞术和其他技艺间的差异，并纠正这个错误的印象——修辞术与其主题的关系同其他技艺与主题的关系一样简单？[24] 从高尔吉亚的角度来说，他不这样做并坚持简短回答，不可能是因为缺乏

---

① 参考《普罗塔戈拉》，312d3-e6；《斐德若》，259e1-260a4、267a6-b2、272c10-273c5。亦参高尔吉亚，《海伦颂》，行 8-11。关于高尔吉亚对修辞演说造成的心理影响的评论，参见 Romilly，《伯利克勒斯时期雅典的伟大智术师们》，前揭，页 65-69。

这方面的知识。尤其考虑到高尔吉亚的专长,一个看似更合理的解释是,高尔吉亚意识到修辞术与其他技艺之间的差异对修辞术来说并不是没有问题。因为,假如修辞术果真具有我们刚刚提到的特点,那么问题就来了:当谈到正义、不义和这类问题时,修辞家必须让人觉得他们是关心这些问题本身的,尽管他们更关注或者说真正关注的是听众的灵魂及其演说对听众的影响。但是这岂不揭示出修辞术在最需要真诚的地方施以欺骗和操纵之术吗?① 如此一来,修辞术不就变成所有技艺中道德上最有问题的了?我认为,高尔吉亚的简短回答恰恰反映出他对这个问题的警觉,他认识到他需要隐藏修辞技艺的真实特征。换句话说,高尔吉亚的简短回答是一种保留或者谨慎,而不是他迟钝或者对自己简洁回答能力感到骄傲的表现。

然而,苏格拉底通过转变核心问题(正如他之前所做的那样),给了高尔吉亚一个更愿意阐释其技艺的机会。目前为止,苏格拉底对高尔吉亚的导引问题简单来讲就是"修辞术是关乎什么的?"(尤参49d1-2、d8-9、450b3-5、451a6-7)。他再一次确认了高尔吉亚的观点是"修辞术通过言辞发挥作用"之后,问道(451d1-6):

在众多存在物中,修辞术所使用的诸言辞是关于什么的?

尽管一再强调修辞术通过言辞发挥作用,但是苏格拉底现在询问这些言辞本身的主题,是为了反驳修辞技艺本身拥有知识。这中间的差别看起来虽小,但其中深意却可通过回想那可能的差异,即我先前描述的"修辞家所知"与"修辞家所说"之间的差异,显现出来。苏格拉底的新问题不再要求对修辞家知识的最深层对象进行鉴别,这就

---

① 对照《申辩》17a1–18a6;亦参 Romilly,《伯利克勒斯时期雅典的伟大智术师们》,页 68–69。

为某种更坦诚和更充分的回答留出了余地。[25] 高尔吉亚抓住了苏格拉底提供的机会，这样一来也可以确证，谨慎才是他保持克制的原因。高尔吉亚此次的回答依然简短，但却大胆得多：修辞术所使用的言辞是关于"最大和最好的人类事务（pragmatōn）的"（451d7-8）。伴随着这个回答，高尔吉亚关于修辞术看法的第一缕微光开始闪现。但是因为高尔吉亚坚持简洁回答而继续显示出有所保留，于是苏格拉底则施以更长远的计谋来回应他大胆的答案。

首先，苏格拉底歪曲了高尔吉亚的回答，仿佛高尔吉亚说的是，修辞术不是探讨关于最大和最好的人类事务，而是给人类提供最大和最好的益处的（对比 452a4-5, c6-d4 与 451d5-8）。接着，苏格拉底为了激怒高尔吉亚，给他安排了三个挑战其观点（实则苏格拉底设想的"修辞术给人类提供最大好处"这一观点）的对手。并用祝酒歌来提示他："保持健康是最好的，长得美丽在其次，第三是不靠欺骗发财。"苏格拉底想象出一个医生、一个体能教练和一个赚钱者来捍卫能各自带来好处的技艺，并借他们之口质问高尔吉亚：修辞术有什么样的好处能为其最高地位正名？（451d9-452d4）通过假借这些反对者的声音来说话，苏格拉底本人多少从这个挑战中抽离了出来，但是他这个并不那么拐弯抹角的策略绝没有超出戏谑的程度。为了粉碎高尔吉亚的保留，苏格拉底使用一件钝器击打他的骄傲。

虽然苏格拉底的打击略显粗糙，但他所选择的目标证明是正确的。高尔吉亚通过给出前所未有的大胆且完整的陈述来回应对手的要求，辨明了修辞术为人类提供的"这种最好的东西"是什么（参见 452c8-d4）。他宣称修辞术能提供的好处是"那些真正最好的东西，是人类自身自由的原因，同时也是他们在各自的城邦里统治他人的原因"（452d5-8）。这些话说得颇具胆魄，但高尔吉亚的陈述却含混不清。按照高尔吉亚的意思，什么是最好的东西呢？是拥有他的技艺本身，还是拥有技艺作为原因带来的自由或统治权？[26] 就其陈述的字面意思来看，答案似乎是前者，但这是一个比后者更令人困惑的答案。①

为了理解高尔吉亚含混的回答，我们必须把他放在修辞教师这个位置上来考察。高尔吉亚自身是一名修辞家，但却不是一名将其技艺用于其典型目的的修辞家。比起亲自参与政治，他更满足于用具有说服力的演说技艺来训练有抱负的政治家。这样的选择可以反映出他对知识本身，或至少对属于其技艺的专门知识，抱有一种尊重或者欣赏；而让他投身其中的知识或者专门知识，却似乎被导向为其他目的服务。② 当然，高尔吉亚也必须诉诸其他目的来吸引学生，因为这些学生迫切掌握修辞技艺并非为了修辞术本身，而是为了那些别的目的。或者更直白地说，高尔吉亚必须给出比"因修辞之故而学习修辞术"更具吸引力的广告标语。③ 在回应苏格拉底的要求，即更多说说修辞术所提供的最好东西时，高尔吉亚的广告变得清楚了。高尔吉亚不再像修辞技艺本身就是最好的那样说话，也就是说，不再继续他之前的含混陈述，而是直接向潜在的学生说话，从而表明他的兴趣在于潜在的学生：④

> 无论如何，我认为只要发生政治集会，通过使用言辞，那

---

① 参见 Benardete，《道德和哲学中的修辞术》，前揭，页17。

② 参考《王制》341c4-342e11、345e5-346d8；亦参 Nichols，《柏拉图〈高尔吉亚〉中正义的修辞术》，前揭，页135。

③ 参见 Dodds，《高尔吉亚》，页10："卡利克勒斯之流向高尔吉亚支付高额的费用，并非因为他们喜欢玩弄辞句，而是因为他们渴求权力。"

④ 我们从这个段落和其他一些段落（例如 455c6-d5、458b4-c5）可以推断，有一群听众一直在关注着苏格拉底和高尔吉亚之间的对话。当高尔吉亚在接下来的陈述中使用第二人称时，他正是直接对着那类听众的成员在演说。关于这个问题，参见 Lewis，《〈高尔吉亚〉中作为真修辞的反驳修辞》（"Refutative Rhetoric as True Rhetoric in the *Gorgias*"），页198-199。

[修辞术提供的好处]就可以说服法庭上的法官们、议会里的议员们、公民大会上的会员们以及其他所有集会上的人。[27]实际上,凭借这种权能,你既能奴役医生,又能奴役体能教练;赚钱者显得赚钱不是为了自己而是别人,也就是为了你这个能够演说并且说服大众的人。(452e1-8)

如果说高尔吉亚的骄傲是激励他坦率的一方面,那么激励他的另一方面则是他想吸引更多跟随者。最重要的是,他大胆而直接地诉诸潜在的学生。高尔吉亚许诺学生以权力和成功,在想到他们将控制别人、利用别人时,他没有任何不安。①

高尔吉亚的陈述显得既生硬又不道德,但我们惊讶地发现,苏格拉底并没有以谴责修辞术来回应他。相反,苏格拉底的回应是,他要开始跟高尔吉亚一起,努力澄清修辞术的性质。而且,这种努力至少表面上显得是在详细阐明他们的一个共同看法(参考452e9- 455a7)。他们承认了一些要点,其中灵魂第一次作为修辞术关注的对象被提及:修辞家旨在对他听众的灵魂产生说服(见453a4-7)。高尔吉亚此时也更坦率地谈到修辞术所用言辞中最重要的主题。或许是受到

---

① Kastely,《为柏拉图〈高尔吉亚〉辩护》("In Defense of Plato's *Gorgias*"),页100处认为"高尔吉亚并非把修辞术作为增加个人权能的手段而为之辩护;他把修辞术看作为共同体利益而存在的技艺",这是错的。Romilly,《伯利克勒斯时期雅典的伟大智术师们》,前揭,页68-70,以及Weiss,《噢,兄弟!》("Oh, Brother!"),页203-204给出了更多具有细微差别的观点,但是他们都把高尔吉亚描绘为比他本人更具有公共精神的人。我认为,对此描述得更精确的是这些文本:Dodds,《高尔吉亚》,前揭,页10;Nichols,《柏拉图〈高尔吉亚〉中正义的修辞术》,前揭,页133-135;Rankin,《智术师、苏格拉底学派和犬儒学派》,前揭,页43;Murray,《柏拉图论力量、道德责任以及高尔吉亚修辞术的所谓的中立性》("Plato on Power, Moral Responsibility and the Alleged Neutrality of Gorgias' Art of Rhetoric"),页357-359。

他与苏格拉底达成一致这个印象的鼓舞,高尔吉亚通过说明修辞术"在法庭上和其他民众面前产生说服,并且处理正义和不义的事务"(454b5-7),而将修辞术与其他产生说服的技艺区分开来。尤其是,修辞术使用的言辞关乎正义,[28]因而,与那些通过教授与其主题相关的事务而产生说服的技艺相比,显得更加不同。修辞术也不同于那些产生知识的技艺,它产生的说服仅仅针对信念,或者正如苏格拉底所说,

> 修辞术是信念灌输(pisteutikēs)的能手,而不是就正义和不义给予教导的(didaskalikēs)说服。(454e9–455a2)

最后这个要点似乎是对修辞术的严厉批评。修辞术产生的是信念(或者信任、信仰)而非知识,而且具有操纵的特性,这不就说明修辞术不如教导术吗?然而苏格拉底就修辞术起作用的方式作出了辩护。他对修辞术的辩护简单而有效:修辞家必须坚持单纯的信念灌输层面的说服(pisteutikēs peithous),因为"他不可能在如此短的时间里教大众如此重要的问题"(455a5-7)。① 这个论证由苏格拉底而非高尔吉亚提出,加深了此刻二人已达成共识的印象。假如他们的对话就此结束,那么就很难看出二人的不同。苏格拉底给出这个论证,显然不是出于自愿。政治生活要求讲演者在那些并不具备他们那样的智慧的许多人面前演讲时,要将演说控制在一定时间内,哪怕最智慧的演说者也是如此。既然如此,有效的政治演说必须包含对观点和信念的呼吁,这种呼吁具有加强或进一步灌输这些观点和信念的必要效

---

① 对照《申辩》18e5–19a7, 37a2–b2。亦参 Benardete,《道德和哲学中的修辞术》,前揭,页 21–22;Saxonhouse,《柏拉图〈高尔吉亚〉中未明言的主题》,前揭,页 141。

果。这种困境防止政治演说变成单纯的"教导",这一点已经由最智慧的政治演说家之一——修昔底德笔下的狄奥多托斯(Thucydides' Diodotus)解释过,他在同一个演讲中极好地解释并遵循了这一必要性。①

苏格拉底本人也承认狄奥多托斯对政治演说本性之基本洞见的真实性,这就使我们疑惑了:[29]苏格拉底与高尔吉亚的不同究竟在哪里?苏格拉底对修辞术的批评,且不说更少敌意,是否也比通常所认为的更简单?不管怎样,我们应当将这个片段牢记于心,特别是当我们转向苏格拉底之后对修辞术的批评,以及继续思考尚未解答的他对高尔吉亚的兴趣这个问题时。②

---

① 参见修昔底德《伯罗奔半岛战争史》卷三,页42-43。关于修昔底德的这段文字,参见 Orwin,《修昔底德笔下的人性》(The Humanity of Thucydides),页158-162,《民主与不信任》("Democracy and Distrust"),页313-325;Bolotin,《修昔底德》("Thucydides"),页28-31。

② 大多数评论家认同 Barker 和 Romilly 的观点,前者在《希腊政治理论》(Greek Political Theory),页134[译注:中译本《希腊政治理论》,卢华萍译,吉林人民出版社,2003]认为,苏格拉底和柏拉图对修辞术持有"极度负面"的看法。后者在《伯利克勒斯时期雅典的伟大智术师们》,页71认为《高尔吉亚》的目的之一就是"彻底地排斥修辞术"。参见,例如 Jaeger,《教化》,前揭,卷二,页127-132;Friedländer,《柏拉图》,前揭,卷二,页247-255;Grote,《柏拉图和其他苏格拉底追随者》,前揭,卷二,页370-371;Dilman,《道德和内在生活》(Morality and the Inner Life),页14-24;Irwin,《柏拉图的伦理学》,前揭,页95-97。更多相似的观点参见 Nichols,《柏拉图〈高尔吉亚〉中正义的修辞术》,前揭,页131-149;Weiss,《噢,兄弟!》,前揭,页195-206;Kastely,《为柏拉图〈高尔吉亚〉辩护》,前揭,页96-109;Black,《柏拉图修辞之所见》("Plato's View of Rhetoric"),页361-374。Black 指出,其他对话中有许多片段支持这个观点:苏格拉底和柏拉图对修辞术的态度比很多人猜测的更为复杂,并不是那么消极。除了《斐德若》259e1-279c8 外,亦参《王制》414b8-415c7、459c8-d2、493c10-494a5,《治邦者》303e7-304e1,《法义》663a9-664c2。

诱陷高尔吉亚，第二部分（455a8–461b2）

如果同苏格拉底站在同一立场上这个印象已经激励高尔吉亚对其技艺直言不讳，那么，苏格拉底在让他屈服之前又给了他临渊一脚。这一动作通过结合另一重要论据来打击高尔吉亚的骄傲，即他的技艺中总是伴随着吸引学生的欲望。首先，苏格拉底表明，当城邦要做某些最重要的决定时，他们会同这些事务领域最相关的专家而不是修辞家商议。例如，当选择医生或造船师时，他们会同医生或造船师商量；当建造城墙、港口或船厂时，他们会同建造师商量；当制定作战计划时，他们会同精通战略的将军商量（455b2-c2）。

> 对于这些情况，高尔吉亚，你怎么讲呢？（455c2-3）

[30] 为了确保高尔吉亚能切题地回应这个问题或挑战，苏格拉底提醒高尔吉亚，他是以修辞教师之名在发言，聆听对话的听众中可能会有潜在的学生（455c3-8）。[①] 苏格拉底甚至将自己扮成为高尔吉亚招揽学生的人。或者更准确的说法是，苏格拉底一边把自己当作为高尔吉亚招揽生意的中间人（参见455c5），一边替高尔吉亚那些潜在的耻于问出心中问题的学生发言（见455c6-d1）。这类羞愧可能让潜在的学生退却，并加强他们去向高尔吉亚这样优秀的人提问的犹豫。借由苏格拉底之口说出的这些问题直白而充满自利的色彩：

[①] 根据 Dodds 的解释，在455c6 处，苏格拉底提及的 "里面这些人" 指那些已经听了高尔吉亚之前的演说、现在正在听他们俩之间对话的人。参见 Dodds，《高尔吉亚》，前揭，页209。

> 高尔吉亚，如果我们跟着你，我们将会有什么？我们可以给城邦提出关于哪些事情的建议？是仅仅处理正义与不义，还是也处理苏格拉底刚才所讲的那些东西？（455d2-e4）。

苏格拉底没有以更挑衅的口气提出挑战，而只是说："那么，试着回答他们吧。"（455e5）

苏格拉底给出的诱惑显然是高尔吉亚无法抵挡的。苏格拉底在高尔吉亚面前晃了晃诱饵，高尔吉亚就迫不及待地咬住。高尔吉亚宣称他想要"清楚地揭露修辞术的所有权能"，然后从反驳苏格拉底先前论证中的一个例子开始。"你肯定清楚，"高尔吉亚反驳说，

> 这些船厂、雅典的城墙以及海湾的筹备，都出自泰米斯托克利的建议，其他一些则出自伯利克勒斯，而不是出自工匠们。（455d6-e3）

高尔吉亚所说的泰米斯托克利和伯利克勒斯是整个雅典最伟大的政治—修辞家，他们为希腊城邦的崛起做出了突出贡献。[31] 高尔吉亚举出这两个人仅仅是其长篇演说的序幕，后面他将宣扬并称赞修辞术的权能。

高尔吉亚在其演说中讲到，修辞术是一种关乎管控的能力，因为它是唯一可以让所有其他技艺汇聚其下，并使这些技艺为其所用，或者为其掌握者所用的技艺（456a7-8；亦参 452e4-8）。这个大胆的声明在一定程度上被高尔吉亚的第一个例子模糊了，这个例子描述了他如何以修辞之能说服病人接受痛苦的治疗，从而帮助了他的兄弟和其他医生（456b1-5）。该例子传达了一种印象，即修辞家是别人的卓越服务者，但是高尔吉亚不愿止步于此。他继续就修辞术的益处给出非常与众不同的论证：如果修辞家愿意的话，修辞术能让他在任何公共竞争中获得胜利。例如，假如修辞家进入某城邦与医生竞争，这竞争要求他们在集会中以演说的方式说明为什么自己应被选为这个城邦的

医生，那么，医生将一无所获。而如果修辞家想要的话，他将得到这份工作（455b6-c2）。医生仅仅是被修辞家轻易打败的能手之一，

> 因为在众人面前，没有什么能手能表现得比修辞家更具说服力。（456c6-d5）

简言之，高尔吉亚的论证是：修辞术如此强大，以至于修辞家总是赢得胜利（见456c6-7）。

但是，这个论证有一个问题。因为尽管它可能为修辞术的权能作强有力的辩护，但是修辞术为修辞家赢得的胜利难道不是不应得的吗？换句话说，高尔吉亚的观点让我们注意到修辞术靠什么吸引潜在的学生，但这样做的代价是暴露了修辞术的可疑：这种赢得不当胜利的能力不仅战胜了其他技艺，也打败了正义本身。这个问题帮助我们解释了发生在高尔吉亚演说中段的戏剧性和突发性的变化。[32] 在夸耀了修辞术给予修辞家的权能之后，高尔吉亚立即改变进程，转而说修辞术一定不能被不义地利用（参见456c6-d；转变在456c7处）。① 根据高尔吉亚的新观点，修辞术如同拳击或用武器战斗的其他任何强大技能一样，必定不能为不义所用。高尔吉亚认为，如若它被用于不义，那么，教授技艺的教师也不应该受到指责和惩罚，因为教师教授如何正义地使用技艺，而不希望学生滥用这项技能：

> 如果成为了修辞家的某人，用这种权能和技艺行不义，那么，人们不应该憎恨教师，或者把教师驱逐出城邦。因为教师传授技艺以供正义的用途，而学生却以不同的方式使用了它。因此

---

① Benardete,《道德和哲学中的修辞术》，前揭，页23也强调了高尔吉亚演说中的这个转变；亦参Weiss,《噢，兄弟！》，前揭，页199–202。

应该憎恨、驱逐并处死没有正确使用技艺的人,而非教授技艺的人才是正义的。(457b5-c3)

高尔吉亚讲演的这一显著变化,反映出他已认识到修辞术的不确定性带来的困境,在这种困境中,高尔吉亚成了一位如此公开地谈论修辞力量的修辞教师。高尔吉亚夹在了欲望与担忧之间,他一方面想鼓吹修辞术的权能以便吸引学生,另一方面又意识到教师教授不义的技艺必定引发城邦的愤怒。这种不安笼罩着高尔吉亚的演说,同时也解释了其变化(尤其对比 456b6-c6 与 457a4-c3)。① 虽然高尔吉亚意识到夸耀修辞术的权能引发了问题,但这并不能说明他充分认识到了问题的严重性,或他对问题的解决方案令人满意。

我们重申一下,高尔吉亚的解决方案是,宣称他只教授如何正义地使用修辞技艺,从而将所有责任丢给凡不义地使用修辞术的学生。然而这样的辩解十分牵强。因为当教师教授的学生不义地使用修辞术时,教师理应承担一定的责任,尤其是如果这个教师起初吸引学生时还主张 [33] 只要拥有了这项技艺,他们就能赢得不当的胜利(再参 452e1-8、456b6-c6)。高尔吉亚已经说了不少他不该说的话。因为他过于强调最终会走向不义的修辞术权能,而越过了至关重要的禁忌线。假如他的技艺果真是万能的,那他或许不必担心其公众名声。但修辞术的权能并没有强大到无需隐瞒的地步。②

---

① 对照《普罗塔戈拉》316b8-d3。相似的不安可以在普罗塔戈拉的著名演说中看到,具体段落为《普罗塔戈拉》的 320c8 到 328d2。

② 很多学者也讨论过高尔吉亚的这个困境,具体参见 Kahn,《柏拉图〈高尔吉亚〉的戏剧和辩证法》,前揭,页 80–84;Paul Shorey,《柏拉图说了什么》,前揭,页 136–137;Nichols,《柏拉图〈高尔吉亚〉中正义的修辞术》,页 133–134;Romilly,《伯利克勒斯时期雅典的伟大智术师们》,前揭,页 68–70;Seth Benardete,《道德和哲学中的修辞术》,前揭,页 24–25;Murray,《柏拉图论力量、道德责任以及高尔吉亚修辞术的所谓的中立性》,前揭,页 359–361。

就演说最后的退让来讲，高尔吉亚必定多少已意识到自己在第一部分所犯的错误。如果说这使高尔吉亚在演说后感到担忧，那么苏格拉底当前的回应就更令他丧气了。因为苏格拉底告诉高尔吉亚，自己已经发现他阐述中不一致的地方（457e1-5）；换言之，苏格拉底让高尔吉亚明白他已上钩。然后苏格拉底通过长篇演说，阐明了争强好胜的争辩者与真理追随者之间的不同，前者偏爱胜利，而后者却乐于让别人纠正自己，如果他们言说有误的话。这就让高尔吉亚把钩咬得更紧了（457c4-458b3）。

苏格拉底宣称自己属于后者，并且让高尔吉亚选择，要么承认自己也属于后者而继续交谈，要么就此结束对话。当然，这个"选择"根本不是真的选择，因为没有一个骄傲的人都会承认自己是宁愿逃避反驳的偏爱胜利之人。高尔吉亚为摆脱吊钩做了一些努力，包括申诉说观众中有些人必定疲于观看他给出的展示，因为这甚至在苏格拉底到来之前就开始了（458b4-c2）。但凯瑞丰和卡利克勒斯代表听众督促高尔吉亚和苏格拉底继续谈，高尔吉亚逃跑的微弱努力由此落空（458c3-d4）。高尔吉亚陷入了困境，[34]正如他自己所承认，放弃对话是可耻的，尤其是对他这个宣称可以回答任何问题的人而言（参见458d7-e2）。

苏格拉底缓慢地推进着。同时也在另一个让人惊讶的方向行进，因为他并没有尽可能严苛地揭露高尔吉亚。首先，苏格拉底表明有一点尚未澄清。根据稍早部分对修辞术的描述，即苏格拉底与高尔吉亚都达成一致的观点：修辞术是有效的——当修辞家向不具备他们所述主题知识的听众言说时。简言之，修辞术是对不知者的说服。如今苏格拉底重申这一点，但增加了另外一条：修辞术不仅对不知者说服，它也被不知者说服。或者毋宁说，与其说苏格拉底自己宣告这一观点，不如说，他是在检验它是不是高尔吉亚的观点。苏格拉底主要的例子是医生与修辞家的争论。医生是有知者，而修辞家虽然对医学技艺无知，但在其他不知者面前却显得更有说服力（459a1-b6）。尽管苏格拉底从医学的例子开始,但是我们可以看到,目前这个问题的真正意义在于触及了更为重要的问题——正义。因为根据高尔吉亚至少暂时可接受的对修辞术的描绘,似乎修辞家不需要通晓什么是正义(参见459b6-c5)。我们应该注意,在推进对修辞术的描绘时,苏格拉底不再称修辞术为一项技艺,而称之为"某一说服的用具(mēchanēn)",我们可以在"向不知者表现得比有知者更知道"的表达中发现这种用具(459b8-c2;亦参 459d5-e1)。尽管高尔吉亚反对剥夺修辞术的"技艺"之名,但他不会不同意这种对修辞术的描绘。事实上,他甚至称赞过这种对修辞术的理解(参见 459c3-5),我们可以合理地推断,这正是高尔吉亚对修辞术的真实观点。

然而,一旦涉及正义,问题仍然存在。因为一名教师教授的技艺能够容纳如此多的不义,至少会引发政治上的困难。[35] 苏格拉底从在修辞术的描绘中仅仅含蓄地涉及正义问题,转向清晰地说出修辞术与正义两者之间的关系,此时正义便成为我们希望苏格拉底揭示的问题(459c8-e1)。我们期待苏格拉底来揭露教授这门技艺是不负责和危险的,因为它操纵正义而不需要正义的知识。但是,相反,苏格拉底却提供给高尔吉亚一条可以逃脱困境的路线。苏格拉底先是描画出修辞术可能与正义、高尚以及对其他事情的好处(即,作为无知者的装备,修辞术能让他们看起来比拥有知识的人知道得更多)相关,然后给了高尔吉亚另一个选择,即承认正义的知识必定是学习修辞术的基本条件,因而学生们要么是带着已有的关于正义的知识来找高尔吉亚,要么他们被教授的第一课就应当是正义的知识(459e1-8)。这样一来,不管高尔吉亚的真实观点是什么(实际上,我们现在已对此有相当程度的了解),他都很难拒绝苏格拉底给他提供的这个逃跑路线。即便这个路线包含着令人尴尬的反转和对其骄傲的打击,它仍比第一个选择要好得多。高尔吉亚明智地接受了他的命运,并申明不具备正义知识的学生来到他这里,都会学习到关于正义的知识（460a3-4）。①

根据这个说法，高尔吉亚承认修辞家也必定是拥有正义知识的人，尽管这并不是他真正相信的。然而，如果止步于此，就等于在尚未处理完成的问题处止步。因为就修辞家必定拥有正义的知识而言，有不同的解读。例如，这可能意味着真正狡猾的修辞家一定会了解正义的特点以及人们对正义的关注，如果他们想有效地进行说服的话（参考 459e7-8 处的意思，可能与 459e5-6 不同）。在有限的（非常规的）意义上，[36] 这样一个修辞家可以称为"正义的"，因为他了解什么是正义（参考 460a5-b7，此处可印证这种观点）。但是，这样的人能够不仅知道同时践行正义之事吗？正义的知识难道不是必然要在正义的行动中，或者至少要在做正义之事、避免不义之事的愿望和意图中展现出来吗（参见 460b8-c3）？② 通过提出最后这个问题（对正派的或者明智的人来说，这个问题只有一个答案），苏格拉底强加给高尔吉亚这样一种理解：修辞家作为通晓正义的人，本身就意味着要与正义或者一般意义的正派相一致。即便这个解释并没有反映高尔吉

---

① 高尔吉亚此时接受苏格拉底的建议，是出于谨慎而不是相信。Kahn 和 Nichols 也强调了这点，前者参见《柏拉图〈高尔吉亚〉的戏剧和辩证法》，页 80–84，后者参见《柏拉图〈高尔吉亚〉中正义的修辞术》，页 133–135。进一步的证明参见《美诺》95b9–c4。

② 一些人不认同苏格拉底这里的论证线索，他们指出这个论证有一个可疑的假设，即对正义的知识必然导向正义的行为。例如，Irwin，《高尔吉亚》，前揭，页 126–128；Shorey，《柏拉图说了什么》，页 136；Mackenzie，《柏拉图论惩罚》(*Plato on Punishment*)，页 160。然而，这一反对意见忽略了一点，苏格拉底并没有像向高尔吉亚提问问题那样提出自己的论点。由于仅仅关注苏格拉底"论点"逻辑上的说服力，Irwin 等评论家并未说出苏格拉底论证路线的道德含义，也没有说出他带给高尔吉亚带来压力的真实特点。在这方面做得较好的是 Benardete 和 Kahn，具体参见《道德和哲学中的修辞术》，页 21、29，以及《柏拉图〈高尔吉亚〉的戏剧和辩证法》，页 79–84。

亚的真实观点（参考 phainetai，"它看上去好像"，460c2、c6 和 e2），或者就算高尔吉亚因为接受这一观点并修正其先前对修辞术的描述而感到羞耻（见 460c7-461a7），他仍然必须感谢苏格拉底为他提供的这条相对和缓的、让他从危险中脱身的道路，从而转向苏格拉底为帮助他而指明的方向。

更笼统地说，如果我们退一步思考和审视当时的情况，可以想见，同苏格拉底的对话必定给高尔吉亚留下了强有力的印象。根据高尔吉亚自己的描述，他是作为对其能力极为自信的人而加入对话的，他相信自己能处理所有问题并打败所有来者（参见 447c5-8，449a7-8）。他多年未逢真正的挑战（448a1-3），可他这位著名的修辞家却三下两下被一个陌生人用计谋击败，而这个在街上闲逛的雅典人和他奇怪的朋友来到这里，还声称渴望向他学习的。[37]更糟糕的是——或更好的是，总之更令高尔吉亚印象深刻的是——苏格拉底不仅设法让高尔吉亚落入陷阱，包括让他在未能保持良好判断的情况下坦率地发言，从而犯下至关重要的错误，而且帮助他摆脱困境、避免过多的伤害，从而表明了自己的优势和善意。苏格拉底只不过是轻轻地敲打了高尔吉亚的骄傲，而没有摧毁他珍贵的名誉。此刻，高尔吉亚必定体会到了一些他不太熟悉的、类似于敬畏的情感。可以肯定，苏格拉底已经成功获得了高尔吉亚的关注，并且让高尔吉亚搞不清楚他最后所说是何意，他说他们俩需要花费不少时间聚谈，才能把刚刚讨论的问题充分理清楚（参见 461a7-b2）。苏格拉底是在提议某种形式的继续合作吗？这个神秘的巫师究竟想要什么？

如果高尔吉亚在与苏格拉底对话末尾处所说的是他的想法。那么，我们得承认这些想法也是我们的。苏格拉底通过计谋取得了战略上的胜利，这一点很清楚，但他这么做的原因仍然扑朔迷离。我们可以保守假设苏格拉底希望给高尔吉亚留下印象。但是这样做的目的又是什么呢？一个可能的解释是，苏格拉底希望败坏高尔吉亚的名声，以便打击他作为教师带来的有害影响。也许苏格拉底与高尔吉亚的对话隶属于更大的苏格拉底式计划，这项计划旨在揭露作为不义教师的智术师，保护年轻人免受智术师式教育的伤害。① 但是，如果把苏格拉底与高尔吉亚之间的对话被看作是苏格拉底更大计划的一部分，那么难以理解的是，苏格拉底对待高尔吉亚的态度非常礼貌且敬重。尤其需要注意，如果苏格拉底真的试图败坏高尔吉亚的名声，为何他又没有给出人们所期待的最后一击。事实上，苏格拉底对待高尔吉亚的态度如此温和，[38] 以至于看起来不像在对待希望摧毁的对手，而更像对待朋友，或者至少是潜在的朋友。②

这就暗示苏格拉底意图给高尔吉亚留下印象可能有不同的解释，这种解释也能更好地说明为什么苏格拉底以那样一种陈述来结束与高尔吉亚的对话。那段陈述可以视为苏格拉底发出的延续并加深他们了解的邀请函。苏格拉底可能真诚地想同高尔吉亚建立友谊，这种友谊甚至可能发展为联盟。③

---

① 相同观点的不同版本，参见 Jaeger,《教化》，前揭，卷二，页127-129；Friedländer,《柏拉图》，前揭，卷二，页246；Dodds,《高尔吉亚》，前揭，页15；Romilly,《伯利克勒斯时期雅典的伟大智术师们》，前揭，页156-161；Lewis,《〈高尔吉亚〉中作为真修辞的反驳修辞》，前揭，页200；Kastely,《为柏拉图〈高尔吉亚〉辩护》，前揭，页98。

② 我们应该将苏格拉底对待高尔吉亚的态度，与《普罗塔戈拉》中他对待普罗塔戈拉那种苛刻得多的态度进行对比。苏格拉底在普罗塔戈拉诸多的爱慕者和学生面前羞辱了他，并在对话一结束就离开了现场（参见《普罗塔戈拉》362a1-4）。其他学者也注意到苏格拉底对待高尔吉亚和普罗塔戈拉之间的不同。Shorey,《柏拉图说了什么》，前揭，页134；Weiss,《噢，兄弟！》，前揭，页200。亦参 Fussi,《为什么〈高尔吉亚〉如此尖涩?》，前揭，页49-50、55。

③ 对比 Nichols,《柏拉图〈高尔吉亚〉中正义的修辞术》，前揭，页131、137、148-149处和 Weiss,《噢，兄弟！》，前揭，页195-206所提及的类似观点。我的观点更接近于 Nichols 的。

要更好地理解苏格拉底为何持有如此兴趣，我们应当返回对话的开篇部分，即苏格拉底刚刚到达时的场景。当时，苏格拉底被凯瑞丰强迫在集市上逗留之后，才去高尔吉亚那里。如果我对这个场景的解读是正确的话（也就是说，这意味着苏格拉底暂时放下对同胞公民的辩证质询，好去和高尔吉亚交谈），那么我们现在可以更进一步。《申辩》提醒我们，苏格拉底的质询引来了同胞公民相当大的愤怒。的确，其言论有煽动性，这让我们可以理解他为什么会对高尔吉亚这种人的帮助感兴趣。或许，在苏格拉底生命的某个时刻，他"被凯瑞丰拉着"在集市上花费了大量时间，然后也收获了自己对新发现——修辞术的兴趣。尽管他在对话中以苏格拉底式的措辞成功打败高尔吉亚，他也并没有否认一点：高尔吉亚作为修辞家拥有很出色的才能。[39] 那么，苏格拉底给高尔吉亚留下印象的努力，能否解释成巩固二人友谊并获得对方帮助这个更大计划中的一个步骤呢？

诚然，尽管苏格拉底没有否认高尔吉亚是一个有才能的修辞家，他仍然揭示了高尔吉亚所理解的修辞术的弱点，以及它同正义的关系，这个弱点甚至或者尤其是在高尔吉亚修辞术的自我展示中体现出来。我刚刚提出的观点有困难。通过回溯高尔吉亚冒失的自夸，苏格拉底揭露了他在赞赏权能以及在正义的重要性这两个问题上更为严重的瑕疵。一个充分了解这种权能和重要性的人，会像高尔吉亚一样公开地嘲笑正义吗？高尔吉亚夸耀修辞术有赢得不当胜利的权能，还拒绝向学生教授正义（直到压力导致他言不由衷时，他才撤回了这个拒绝），这暴露了他的盲区。因此苏格拉底所做的不只是让高尔吉亚落入陷阱。他还揭露了一个本来才华横溢并令人身上的严重缺陷。与此一致，苏格拉底将马上开始严厉批判高尔吉亚的修辞术。他将把修辞术描述成一种谄媚形式，其使用者并不清楚他们所奉迎的那些激情本身。然而，高尔吉亚及其修辞术的瑕疵，并不必然证明苏格拉底谋求同他建立友谊和联盟这种提法就是错的。因为这些瑕疵或许可以补救。或许高尔吉亚会给出更好的对正义的理解,或许他的修辞术还可以改造。

无论如何,在与高尔吉亚对话之后,苏格拉底没有离开。[①] 他留了下来,先与珀洛斯交谈,然后再与卡利克勒斯交谈。这些对话远远不是陈词结案,反而对更重要的主题(包括正义)发起了更热烈的讨论。既然苏格拉底已经给高尔吉亚留下了印象,那么,对正义强度更大的、更直接的讨论,与苏格拉底努力想要继续同高尔吉亚间接对话相关吗?

---

① 对照《普罗塔戈拉》360e6–362a4。

第二章　珀洛斯和关于正义的争论

[40] 让我们重申上一章结论时的提法，并进一步讨论它将如何帮助我们理解《高尔吉亚》的统一性。我已表明，苏格拉底把高尔吉亚作为潜在盟友而对其有兴趣。对话开篇提到苏格拉底在集市上逗留，这能帮助我们理解苏格拉底对如此盟友的需要；稍后的段落，尤其是卡利克勒斯的部分，又将帮助我们拓展并加深理解。

然而，即使苏格拉底需要这样一个有着杰出修辞能力的盟友，事实似乎也已证明高尔吉亚是一个令人失望的人选。因为，苏格拉底与高尔吉亚对话的结局，是一次令人印象深刻的苏格拉底式的胜利，这不仅打动了高尔吉亚，也揭露了他在关键论题上缺乏智慧。我想重申，高尔吉亚对修辞术的夸夸其谈和对修辞技艺前提条件的（真正）观点，揭示出他对待正义太过轻率。然而，据我观察，苏格拉底在击败高尔吉亚后并未放弃讨论，尽管他不再继续与高尔吉亚直接对话。我认为，接下来的对话可能是苏格拉底与高尔吉亚对话的某种延续，对话将间接进行，但其意图是修理高尔吉亚理解中的瑕疵，继续为联盟奠定基础。换句话说，苏格拉底并未放弃对高尔吉亚的希望。在余下的对话里，他可能仍旧在追寻最初让他离开集市来与高尔吉亚交谈的目标。

[41] 事实上高尔吉亚落败后，采用间接的方法正合情理。倘若我们更仔细地考虑苏格拉底在余下的对话中想要达成什么，就能看到间接方法的好处。如果我对苏格拉底首要目的的看法是正确的，那么苏格拉底还有几个任务有待完成。首先，他才刚开始向高尔吉亚介绍

了自己和自己的方法。到目前为止,高尔吉亚所见的只是苏格拉底论证能力的炫示。他几乎还没看到苏格拉底自身的活动特点与思想实质。苏格拉底还必须让高尔吉亚了解自己的处境与活动,继续向高尔吉亚介绍他自己。但这一目标必须尽可能与修正高尔吉亚智慧中关键的缺陷相结合。因为如果苏格拉底-高尔吉亚联盟的确是苏格拉底所欲求的,那么高尔吉亚就必须更好地理解正义及其对人类灵魂的作用。①简单地说,苏格拉底必须尝试在某种意义上教导高尔吉亚。如果说高尔吉亚所学功课的核心关涉到正义的重要性,那么这个核心问题也影响到苏格拉底的第三个即最后一个任务:至少勾勒出一种新的、更正义的修辞术,从而向高尔吉亚指出他的能力可以有更高贵的运用。

以上就是苏格拉底的目标,我认为通过研究余下的对话会证实这一点。而现在,假定它们就是苏格拉底的目标,能帮助我们理解为什么间接完成对话会最好。与其在与对方的直接讨论中靠辩论来传达,不如让对方观察行动中的苏格拉底以及他所揭示的有关其自身和他人的内容,这样可以更有力地教授高尔吉亚的功课。尤其当苏格拉底力求将正义在人类灵魂中的力量教授于高尔吉亚时,没有什么方法好过在某些特定的人身上显明这种力量,特别是在那些看似毫不关心正义的人身上。因此,我们不必惊讶苏格拉底之后的话暗示出他对高尔吉亚仍有兴趣(参见462e8-463b1)。[42]我们也不必讶异他现在乐意与珀洛斯交谈。在与高尔吉亚交谈以前,苏格拉底对珀洛斯并没有表现出兴趣,而仅仅把他当作与高尔吉亚相交的路障。但是现在,苏格拉底表现出更多与其交谈的意愿。②

当珀洛斯闯入对话抗议苏格拉底对高尔吉亚的作为时,苏格拉底获得了与珀洛斯对话的机会。珀洛斯抱怨苏格拉底对高尔吉亚羞耻感

---

① 对照《斐德若》271c10—274b4。
② 比较448d1—449a4与461c5—d4、463e1—464a1。

的解释"极端粗鲁"。他认为,苏格拉底强迫高尔吉亚承认"正义的知识是学习修辞技艺的必备条件",以此控制了高尔吉亚,但这只是利用了高尔吉亚的羞愧而非真正使其信服(参见461b3-c4)。珀洛斯是高尔吉亚的仰慕者,同时本人也是一名修辞教师,就他如此公开地谈到高尔吉亚的羞耻感及其理由而言,他自己似乎并没有分享这种羞耻感。我们对珀洛斯的第一印象是鲁莽和不知羞耻的年轻人,他会冒失地走向高尔吉亚迅速认识到不能涉足的地方。①

然而我们能从言辞激烈的开场白看到,珀洛斯表面的不知羞耻只是他性格的一方面。毕竟,珀洛斯加入对话时带着对苏格拉底的愤恨,从而流露出某种正义感——尽管那只是一种关于应该掌控对话友好进行下去的正义感(尤参461c1-4)。此外,珀洛斯不仅非常关心修辞术是否得到恰当的描述,也关心其高贵性是否得以正名;对珀洛斯而言,高贵性是十分重要的标准[43](参见462c10-d2,463d3,466a9-10)。②

---

① 比起更有名的高尔吉亚,我们对珀洛斯知之甚少,只知道他号称"马驹"(参见463e1-2)。但是珀洛斯至少对修辞术写过一篇文字。参见Dodds,《高尔吉亚》,前揭,页11-12。他在《高尔吉亚》中露面过后,也在《斐德若》中被(嘲讽地)提及(参见267b10-c3),亚里士多德也提到过他关于经验与技艺关系的看法(《形而上学》981a1-5)。关于亚里士多德提及的珀洛斯的更多讨论,详见 Renehan,《珀洛斯、柏拉图和亚里士多德》("Polus, Plato, and Aristotle"),页68-72,作者认为亚里士多德提到的那位是历史上的珀洛斯,而不是《高尔吉亚》448c4-7的珀洛斯。

② 我们应该记得在对话的开端,珀洛斯与凯瑞丰的简短交流,他急于辩护修辞术是"技艺中最高贵的"(再参448c8-9、e5)。苏格拉底称他为"最高贵的珀洛斯"并告诉他"你是正义的"(461c5、d2)以此开始了当前的对话,或许表明这不只是一种苏格拉底式的反讽。参见Nichols,"柏拉图《高尔吉亚》中正义的修辞",前揭,页138;Benardete,《道德和哲学中的修辞术》,前揭,页31。

此时苏格拉底提议他们来一次对话，显示出新的与珀洛斯对话的意愿（461c5-d4）。但是，这并不意味着苏格拉底对珀洛斯表示热情和欢迎。相反，他似乎不遗余力地表达出粗鲁和挑衅，他利用每个机会去侮辱珀洛斯，甚至表明如果珀洛斯长篇大论，他将无法忍受。①由于苏格拉底的行为如此明显地偏离了他展现给高尔吉亚的那般礼貌，因此我们不得不考虑这尖锐的语调如何能达成他与珀洛斯交谈的目的。②

苏格拉底对修辞术的描述（462b3–466a3）

苏格拉底对珀洛斯的尖锐，让他们的对话变成以较量为内核的碰撞而非友好的讨论。但事实上，珀洛斯对苏格拉底的开篇提问却是诚实和情有可原的："你认为修辞术是什么？"（462b3-5；亦参461b3-4）。尽管珀洛斯加入对话时很生气，但他似乎真诚地渴望知道苏格拉底对修辞术的看法。公正地说，我们必须承认似乎是苏格拉底更刻意地挑起了争斗。苏格拉底先是人身侮辱，而后又用他的回答来激怒珀洛斯。[44]苏格拉底对修辞术的描述占据了他和珀洛斯第一阶段对话的绝大部分，他确信自己的描述能引起珀洛斯的抗议，因为珀洛斯一再表明想要看到修辞术的高贵性得到承认。

虽然苏格拉底想激怒珀洛斯的意愿影响了他对修辞术的描述，并因此让自己卷入一场争论，但他仍然不想过度冒犯高尔吉亚。在给出

---

① 参见，比如461e1–462a1, 462c10–d2, 463d4–e2, 466a4。

② 苏格拉底对珀洛斯尖刻的态度参见 Michelini,《柏拉图〈高尔吉亚〉中的无礼和讽刺》（"Rudeness and Irony in Plato's *Gorgias*"），前揭，页50–59；亦参 Arieti,《柏拉图哲学式的〈安提俄珀〉》（"Plato's Philosophic Antiope"），页204；Shorey,《柏拉图说了什么》，前揭，页137；Grote,《柏拉图及其同时代的苏格拉底门徒》，前揭，卷二，页321。

对修辞术的详尽描述前，苏格拉底提到他担心高尔吉亚认为自己在嘲笑他的事业（462e6-8）。他还表明他所描述的修辞术或许并非高尔吉亚追求的那一种，以此来缓和即将到来的打击（462e8-463a1）。然而，最后这句话更重要的目的也许是暗示高尔吉亚应该改变道路，追求一种不同类型的修辞术。因为苏格拉底用这种批评的口气描述的修辞术，似乎正是高尔吉亚所追求的那种。实际上，苏格拉底对修辞术的描述相当程度上归功于他和高尔吉亚的对话。虽然这是为激怒珀洛斯和动摇高尔吉亚对自己道路的自满而量身定制的，但是我们最好把它理解为高尔吉亚式修辞术的严肃描述。①

[45] 苏格拉底在给出更长的、关于修辞术基本主张的详尽描述之前，与珀洛斯进行了一次交流，其间他首次给出了自己对修辞术的最重要观点（参见 462b3- e4，463a6-466a3）。在刺激珀洛斯问他所谓的修辞术是什么后，苏格拉底否认了修辞术是一门技艺（462b6-9）。这一幕一点也不陌生。我们早前就注意到，当苏格拉底与高尔吉亚的讨论到达某一个特定时刻时，他就拒绝说修辞术是一门技艺。但是，

---

① 很有必要提到的是，当苏格拉底开始描述修辞术时，他既是对珀洛斯说，也是对高尔吉亚说（463a6）。高尔吉亚催促苏格拉底更充分地解释他最初的主张（463d6–e4），表达出他也对此感兴趣。Friedländer,《柏拉图》，前揭，卷二，页 253，附注："高尔吉亚再次被拉入讨论中，这不仅是要更突出地表明珀洛斯多么无用，同样也是一个结构上的标志，表明此时第一段对话进入了第二阶段。"同我相似的描述来自 Black,《柏拉图修辞之所见》，前揭，页 365–366。Black 反对将这个片段视为通常观点认为的"对修辞术的极大谴责"，他暗示"柏拉图的攻击仅仅限制在某种特殊的修辞实践上"，也就是"高尔吉亚试图定义的那种"。Black 指出，苏格拉底说"高尔吉亚或许追求另一种类型的修辞术"可以作为证据，表明他们讨论的修辞术"不是所有类型的修辞术"（此处的强调为 Black 所加）。一种差异较大的解释参见 Kastely,《柏拉图〈高尔吉亚〉之辩护》，前揭，页 100。为了证明我的主张，即柏拉图此时对修辞术的论述要归功于高尔吉亚的宣称，读者不妨思考《法义》937d6–938a4。

苏格拉底现在是明确拒称修辞术为一种技艺。① 他此刻说的是，修辞术与其说是一门技艺，不如说某种产生优美和快乐的经验（462b6-c7）。苏格拉底解释说，修辞术就像烹调术，因为烹调术也不应该称为一门技艺，然而它也产生优美和快乐。依据苏格拉底所说，修辞术和烹调术是同一追求的两个部分，这种追求不依赖于技艺的专门知识，而是依赖于灵魂的经验，这些灵魂擅长猜测，勇敢，并天生擅长与人结交（462d8-463b5）。因为苏格拉底把这种追求的首要目的认定为谄媚，所以我们也许可以将这追求自身看作谄媚术（参见463a8-b1）。除了修辞术与烹调术外，苏格拉底将诡辩术和化妆术都归入谄媚术的一部分（463b4-6）。

苏格拉底把谄媚术划分为四个部分，使他能够勾勒出一个图式，其中谄媚部分被描绘成四个相应的真正技艺的"影像"。苏格拉底所认定四种真正技艺是：治病术，健身术，审判术和立法术。这些技艺与各种谄媚的影像按照身体与灵魂的区分一一配对：苏格拉底把对灵魂的照料称为政治术，而没有给照料身体的那部分命名（464a1-b8）。接着，基于一个更深层地区分治病术与健身术、审判术与立法术的原则，[46]苏格拉底在这两个范围内（即政治术和照料身体的活动）中又做出区分。尽管苏格拉底仅仅为这个更深层次的原则提供了模糊的陈述——"他们彼此有些微差别"（464c3），但我们自己可以猜出这里的不同在于，一个是寻求疾病状况下的矫治（治病术／审判术），一个是对超出健康基本状况的更高发展的追求（健身术／立法术）。尽管苏格拉底对这个区分作模糊描述是因为他不愿意引起人们对审判术的注意（即审判术仅仅补救有瑕疵的状况），但它似乎仍然

---

① 对术语"技艺"之含义的有益讨论，参见Jeager，《教化》，前揭，卷二，页130–131。Jeager 的讨论中最重要的一方面在于，他强调希腊语 techne 概念中知识的重要性，将这个词翻译为"技艺"很容易遮蔽这一点。

建立起一个等级——健身术高于治疗术，立法术高于审判术。按照苏格拉底的区分可制作出如下图表：

灵魂（政治术）	身体（对身体的照料）
发展 真正技艺：立法术 影像：诡辩术	健身术 化妆术
矫正 真正技艺：审判术 影像：修辞术	治病术 烹调术

这个图表所表达的意思足够清晰：对每个真正的技艺而言，都有"如影随形"的谄媚部分假装成真正的技艺；尤其是作为审判术影像的修辞术（参见464c3-d1，465b1-c5，465d8-e1）。但是，最重要的问题是考虑真正技艺与影像的区分。苏格拉底提及作为影像的谄媚有何用意？为什么它们不是技艺呢？

苏格拉底在真正的技艺与影像之间作出的最明显区分是，真正的技艺指向其目标（身体或灵魂）的善，而影像仅仅追求快乐（464c3-465a2）。但是，实际上事情还要复杂得多。因为正如影像的名字所暗示以及苏格拉底再三声明的，[47]影像运用欺骗使人相信它们是真正的技艺，它们绝不公开承认自己的目的并非善。此外，尚不清楚的是，为什么影像关注快乐而非善，它作为技艺的地位就应该被剥夺。难道没有追求和提供快乐的技艺吗？然而，除了善和快乐的区分，苏格拉底还给出了让影像丧失技艺之名的更深层理由。他声称，影像对其护理和料理的事物而言并不具备描述能力（logon）

(465a3-5)。①事实上，这个主张，是苏格拉底用来解释他为何拒绝将影像称为技艺的最直接原因。②然而，尽管这个主张好像对拒称影像为技艺提供了更好的理由，但是凭什么应该接受这个主张仍不清楚。为什么影像不能拥有描述能力呢，即使它们的目的只是为身体或灵魂提供快乐？

为了观察苏格拉底有何用意，我们不得不将他分散的陈述放在一起，并回到他与高尔吉亚的对话。苏格拉底主张中的关键证据"影像不拥有描述能力，因而不是技艺"，能够在高尔吉亚"正义的知识不是修辞术的先决条件"这一观点中看到。只有将这种观点与苏格拉底当前的陈述结合起来，我们才能揭示高尔吉亚的修辞术，并证明苏格拉底对它的批评是正当的。

我们从最基本的地方开始：高尔吉亚的观点，尤其联系起他对修辞权能的大胆称颂，揭示了正义并不是他自己，也不是与他同类的修辞家们最关心的东西。但是，这并不意味着这些修辞家在练习修辞术的时候不常谈论正义（再参 451d7-8，452e1-4，454b5-7）。[48]实际上，正义演说的流行性和重要性，对理解苏格拉底为什么称修辞术为正义的影像至关重要。但是，哪一种演说有可能来自高尔吉亚式的修辞家呢？首先，这样的演说将来自对欺骗和操纵不会良心不安的人，更一般来讲，来自那些认为正义并非最重要的事的人。然而，还有一点同样重要：这种演说往往倾向于把同样这种意识传达给听众。如果我们跟随苏格拉底的意见，那么，修辞术的目的是取悦人，也就是满足听众对快乐的欲望。任何对正义的诉求都是吁求正义和快乐协调一

---

① 我遵从 Dodds 本 465a4，在 hōi prospherei 和 ha prospherei 间插入连接词 ē。参见 Dodds，《高尔吉亚》，前揭，页 229—230，他为这种解读进行了辩护。

② 带着对 465a3 处的 hoti 的关注，参考 464e2—465a6 全文。对比 Adkins，《价值与责任》(*Merit and Responsibility*)，页 272—273；Jaeger，《教化》，前揭，卷二，页 131；Irwin，《柏拉图的道德理论》(*Plato's Moral Theory*)，页 116。

致,或者为听众的那些已然由欲望所牵引的行动和目的提供正当性。这种倾向能帮助我们理解,当苏格拉底谈及修辞术的欺骗性,谈及修辞术通过掩饰披着善的外衣的快乐,来达到模糊快乐和善的区分的目的时,他心里在想什么。同时,这也能帮助我们解释苏格拉底为什么将修辞术和烹调术作对比,并称其为谄媚:高尔吉亚的修辞术在某种意义上,即在它让人们相信能以一种心安理得的方式满足其欲望的意义上,就是谄媚;修辞术让人相信他们想要做的也正是正义之要求,因此他们能够同时获得满足并是善的。苏格拉底暗示,这种修辞术只不过基于对人类欲望的了解,以及告诉人们他们想听之事的机巧(再参 463a6-b1)。正如高尔吉亚自己的断言,这种修辞术确实不需要对正义的深度反思。然而,既然吁求正义恰恰又是高尔吉亚修辞术的关键部分,那么,这样的修辞术就未能充分反思自身所做之事及其成功的基础。苏格拉底说它还缺乏对自身的说明,所指正在于此。①

[49] 当然,高尔吉亚这样的修辞家很可能会驳回这样的批评思路,他或许会指出,恰恰是由于他的成功,才使他在缺乏这种说明的情况下仍未遭遇麻烦(再参,例如 456a7-c7,459c3-5)。但是苏格拉底可能反过来回应说,高尔吉亚的修辞术并不像它的实践者想象的那样成功。至少在高尔吉亚的部分我们可以看到,他自己并没有否认修辞术在城邦的眼中仍是可疑的。在强调了智术师与修辞家之间的相似性之后,苏格拉底临近修辞术描述的尾声时指出的或许是相同问题,他说这些人"不懂得如何利用自己,其他人也不懂如何利用他们"(465c5-8)。因为尽管城邦会被那种怂恿人们追求快乐的修辞术所吸引和诱惑,但是,苏格拉底的评论表明,这样的修辞术不会真的受到城邦欢迎,因为它绝不会脱离其操纵和使人败坏的特性。如果这

---

① 对照《斐德若》259e1–262c3, 266d1–274b4, 277a9–279c6,《王制》493a6–d9。亦参 Taylor,《柏拉图》,前揭,页 111。

是苏格拉底的评论想表达的，那么，他对这个说法的详细阐述可能是想更深层地暗示，为什么在高尔吉亚的修辞术和城邦之间绝不会有真正意义上的和谐。苏格拉底紧接着对智术师和修辞家的评论说，如果不把灵魂置于身体之上，相反却让身体衡量自身的满足感，那么阿那克萨戈拉（Anaxagoras）的箴言"所有东西都混在一起"（即万物没有任何根本差别的状态）分量就会大大增加，真正技艺和影像之间的差别就会消失（465c8-d7）。① 苏格拉底用这个晦涩的陈述也许是想表明，由于人类灵魂的特性，[50]特别是其沉思和判断的能力（参见466d1），人类不可避免地要在快乐和善之间做出区分，因此绝不会全身心地投入旨在恣惠他们仅仅朝向快乐的练习。无论如何，这段表述与苏格拉底更明确的努力保持一致，那就是向高尔吉亚表明，他的修辞术不过基于对人类的不充分了解，而人类关心的远比他的修辞术所迎合的享乐欲望深得多。

修辞家拥有权力吗？（466a4-468e9）

正如苏格拉底轻松预见和稳当打算的那样，他对修辞术的批评引起了珀洛斯的反抗。毕竟，如果苏格拉底说修辞术不具备描述能力因而不配称作一门技艺，且这个主张最深层的目标指向高尔吉亚的失败且旨在动摇他的自我满足的话（尤参463a6-b1），那么，苏格拉底也会尽全力让修辞术显得不高贵。正如他自己所说，这些努力主要针对珀洛斯（尤参464e2-465a2）。这些言辞激起的抗议促使苏格拉底与珀

---

① 苏格拉底在《斐多》(72c4-5) 中引用过相同的箴言，homou panta chrēmata。根据Dodds，《高尔吉亚》，页231-232，这句箴言可追溯到阿那克萨戈拉某个作品的开场白。阿那克萨戈拉用 homou panta chrēmata，来描述"存在于努斯介入前的混沌"，但是它"成了一句表达差别都被消除了的状态的谚语，正如黑格尔说的'夜色里所有奶牛都是黑的'"。

洛斯之间的进一步争论接管了对话。首先，珀洛斯就苏格拉底所说"修辞家是卑贱的谄媚者"进行了驳斥。

珀洛斯通过指出修辞家在城邦中享有尊重和权力来反对这一点：修辞家真的仅仅被视为谄媚者吗？他们在城邦中难道没有拥有巨大的权力吗？珀洛斯争论说，修辞家拥有甚至像僭主一样的权力，以至于他们能随意杀人，掠夺他们想要的财产，驱逐任何依他们看来有必要逐出城邦的人（469a9-c2）。珀洛斯所为远比高尔吉亚堂而皇之，他让人们注意到修辞术行不义的能力。然而早前他曾表明修辞术因为能取悦人类，所以是高贵的（参见 462c8-9），但现在他却以修辞术为修辞家自己最残暴欲望服务的能力，作为其高贵性的基础。

我们或许可以假定，苏格拉底希望把与珀洛斯的对话推向关于正义重要性的争论。[51]但是，如果我们做出这样的假设，那么当苏格拉底面对珀洛斯称赞修辞家的僭主权力时，他的初始反应就令人惊讶了。因为苏格拉底并没有像我们此时所期待的那样，对珀洛斯口中的修辞家-僭主行为进行道德谴责。相反，他只是否认那些人拥有真正的权力。苏格拉底甚至花了大量篇幅来宣称，在任何城邦里，修辞家都是权力最小的人（466b9-10、d6-8）。为了替这个相反的主张作辩护，苏格拉底争辩说，当修辞家和僭主在城邦中能做看起来对他们最好的事情时，他们并没有做他们真正希望做的事，因此他们并不是真正的权力拥有者（466c3-e2）。

珀洛斯对苏格拉底论证的初始表达感到惊讶和困惑。因此苏格拉底被迫给出更完整的描述。他从珀洛斯愿意接受的一点开始：真正的权力对拥有它的人应该是有好处的（466b6-8、e4-8）。然后，苏格拉底将这点与另一个重要区分（即"做看起来最好的"和"做某人愿意做的"）联系起来（参见 466c6-e2，467a1-b9）。苏格拉底向珀洛斯解释说，一个人仅仅能做看起来对他最好的事，并不意味着他能做他愿意做的事，因为任何在特定情况中行动的人，其内心最深处的愿望并非简单完成他要完成的,还会考虑他能否从行动中获益。因此如果某人的行为对其自身有害,那么他想做之事就应该看作失败的,这恰恰显示了这个人的愚蠢而不是他的权力(尤参 466e9-11,467a1-10)。

由于珀洛斯理解这个论证仍有困难,所以苏格拉底便以更长的篇幅来阐述人类行为所依据的普遍观点,也就是,任何行为,或者至少是"为了某种目的"的所有行为,都应该仅仅看作为达成某种目的的手段,目的才是行动者争取的真正目标。① [52]苏格拉底表明,无论何时,如果某人为着某种目的行事(比如,为了健康而吃药,为了财富而劳作时),他都不会仅仅执行这个动作本身,而是为他在追求的某个目的行动。依苏格拉底看来,事情确实是这样,所有人类行动都有超出行动自身的目的:

> 无论何时某人为了某种目的而行事,他欲求的都不是他所做之事,而是为着他做这件事而获的东西。(467d6-e1)

依据这个观点,任何特定的行为(散步、跑、航行、杀人、偷窃或其他任何事情)都既不好也不坏,这些被苏格拉底称为"中介"(metaxu)的东西,仅仅凭借向各种目的的服务而获得价值(467e1-468b1)。除此之外,人类追求的各种已知的"目的"都能从多(智慧、健康、财富等等)归结为一,因为我们每个人通过这些"目的"寻求的其实都是善,或者说是苏格拉底所描述的有益之事,即对某人自己好的东西。因此,裁定某种行为不应该依据它们看起来可能拥有的固

---

① 苏格拉底在 467d6-7 引入了一个限定,表示他正在谈论的是"为了某种目的"的行为。虽然苏格拉底说他的论证可能并不适用于所有行为,但他并没有让珀洛斯注意到这个可能的限定,甚至偶尔还让珀洛斯以为他正在说的是所有人类行为(参见,例如 467c 和 d3 中的 hekastote 以及 467d6 中的 pantōn)。

有价值，而完全是依据它是否对行为者有利来判断；任何被证明有害于行动者的行为，都不应视作行动者的真正欲求，也不是真正的权力之所在（468d1-e5）。

苏格拉底用这个论证来支撑之前的结论，即，珀洛斯眼中的修辞家-僭主实施着各种惊人的行为，诸如杀人、盗窃和流放他们的敌人，但这并非他们真正想要做的事，因为他们并不会从中得益。这些人的"权力"也许根本不是真正的权力。当然，苏格拉底的论证真正能支撑的仅仅是：珀洛斯的修辞家-僭主可能在他们想要做的事情上失败了，并因此缺乏真正的权力。这个论证并没有表明情况必然如此。就苏格拉底自己论证结论处的表达而言，他承认了这个论证的局限性（尤参 468d5-6，e3-5）。① [53] 而在论证过程中，苏格拉底表现得就好像证明的重担落在了珀洛斯身上，因为是他表明修辞家-僭主做的既是看起来最好的事，也是他们想要做的事（尤其对照 466e13-467b9）。但是，这令人困惑。为什么这个证明的重任应归于珀洛斯呢？珀洛斯显然认为那些人做的就是他们自己看来最好和想要做的事。

正如我们所见，珀洛斯在理解苏格拉底的论证时度过了一段艰难的时期，因为他很难理解这两条原则之间的分歧；因此即便他被迫接受了其中的运行逻辑，他仍然没有被苏格拉底的论证说服（将 468c2-e5 与 466e3-467b10 结合起来看）。然而，珀洛斯的抵抗不应该简单地归咎于他的愚笨。事实上，他的抵抗揭露了苏格拉底论证最大的局限。因为他的反抗表明，苏格拉底的论证永远不能说服那些人：他们认为二者之间，也就是看起来对人最好，即最明显的人类欲望的对象，与

---

① 评论者们复述这个论证时，常常忽略或者至少没有再现苏格拉底对自己论证中的这一局限性的承认。参见，例如 Jeager，《教化》，卷二，页 135；Friedländer，《柏拉图》，卷二，页 225。在这方面做得更好的是 Irwin，《柏拉图的道德理论》，前揭，页 117。

人类希望得到的真正的善之间很少有大的分裂。然而，难道不是每个有思想的人都认为，人类之善的基本要素是相当明显的吗？正如许多人一样，珀洛斯也认为，辨别什么是善并不困难。我们的欲望引导我们去统治城邦、享受财富、沉迷于各种其他的快乐。珀洛斯认为人们在追求这些事情上很难犯下大错；他认为我们唯一的错只在于没有得到所欲望的对象，而不在当初去追求那些欲望。针对这个立场，苏格拉底的反驳论证并无真正的效力（他将在后文说到这个假设并不罕见，参见472a2-b3）。苏格拉底的论证走向了死胡同，珀洛斯在论证最后的反抗也一点不令人惊讶（参见468e6-9）。①

[54] 但是如果苏格拉底为说服珀洛斯而设计的论证如此差劲，其失败之处显而易见，那苏格拉底为何还要费心地完成这个论证呢？我认为这个问题能够得到解答，我们试着将这个论证的失败与整个论证中最令人惊讶的特点相联系，即在对正义的关注这个问题上彻底沉默。我们已经注意到，苏格拉底并没有以道德上谴责珀洛斯的修辞家-僭主作为开始。不仅苏格拉底没有在他的论证中谈到僭主式行为的不义，而且这个论证本身就非常不道德：论证展现了对人类行为的看法，将各种行为甚至杀人或偷盗（参见468b4-6、d1-4）都看作本质上既不好也不坏的。所有行为，或者至少是所有"为了某种目的"的行为，它们不过是手段，而衡量这种手段的方式只能是看它是否对行动者有益。相比石头和木头，它们并没有更多的道德价值（467e6-468a3）。②

考虑到这样一种对人类行为的看法，加上它明显赞同对自身利益

---

① 参见 Grote,《柏拉图和其他苏格拉底追随者》，前揭，卷二，页331–332。
② 苏格拉底论证中非道德的特性经常被某些说明所掩盖，这些说明太迅速地将这个论证同苏格拉底在下一部分对话要进行的论证融在一起。参见，Kanh,《柏拉图和苏格拉底式对话》，前揭，页138–139及《柏拉图〈高尔吉亚〉的戏剧和辩证法》，前揭，页113–114；Friedländer,《柏拉图》，前揭，卷二，页255；Santas,《苏格拉底》，前揭，页223–227。

的狭隘关注,我们很难理解为什么人们会质疑那些试图在城邦中获得足够影响力,以做他们认为最好的事情的人的智慧。尽管珀洛斯必须承认,在这些例子中,做看起来最好的事情有可能会导致痛苦而非幸福,但即便他接受——或者如果他确实接受了——苏格拉底论证的思想,那将这个可能性作为太遥远而不需要严肃对待的东西,对他来说也不无道理。要想更深刻地被这种可能性触动,珀洛斯就得真的怀疑人类之善的基础是否像人们所认为的那样明显。苏格拉底关于修辞家-僭主的开篇论证可以这样理解:与其说它要真正动摇珀洛斯关于人类之善的基本要素很明显这一信念,不如说,它是要揭示珀洛斯持有这一信念,[55] 并且表明仅仅诉诸明智的论证从来都不可能真正动摇这一信念。①

转向正义以及"苏格拉底论题"(468e6–470c3)

苏格拉底的论点未能给珀洛斯留下任何有意义的印象,这可以帮助我们理解,如果不是这样的话,现在的谈话会发生什么令人困惑的转变。因为,紧随忽略甚至排除道德考量的论证之后,苏格拉底突然转向正义问题。而且,他对正义问题的转向包含了对上述观点(即,行为的价值应该仅仅由它们服务的目的来衡量)戏剧性的背离。苏格拉底现在的观点是:所有事,可以说都取决于该行为是否被正义地施行,即取决于行为自身的品质(参见 468e10-469b6)。

这个转向最直接的原因是,珀洛斯诉诸苏格拉底自身的经历来驳斥之前的论证:

---

① 参见《阿尔喀比亚德后篇》138b6–141b8,那里的论证路线与我们刚刚思考的论证路线有着某种重要的相似。关于就那一系列的论证及阿尔喀比亚德的回应如何与珀洛斯类似,参见 Bruell,《论苏格拉底式的教育》(*On the Socratic Education*),页 40–43。

> 苏格拉底哦，你好像并不乐意接受这种可能，即你能够而非不能在城邦里做任何依你看最好的事，或者说如果你看到某人杀死依他看该杀的人，或抢走财产或囚禁，你也不会羡慕。（468e6-9）

珀洛斯通过这种方式来反抗苏格拉底的论证，迫使苏格拉底不得不表达自己的观点。由于继续依靠质询难以引出珀洛斯的观点，于是苏格拉底主张人们必须考察珀洛斯所指行为的正义性，并以此作出回应：如果行为被不义地施行，那么它们绝不值得被羡慕（468e10-469b11；亦参470b9-c3）。苏格拉底由此表明了在余下对话中都会捍卫的立场，[56] 那就是，不义的行为绝不值得羡慕，因为不义是所有恶中最大的恶（尤参469b8-9）。实际上，这个立场此后将在苏格拉底的论证中扮演十分重要的角色，为了方便起见，我们可以称之为"苏格拉底论题"（the Socratic thesis）。①

然而，苏格拉底为何要转向正义以及"苏格拉底论题"，不能完全由他已陷入困境这一事实得到解释。同样重要的是，这个转向在苏格拉底想撼动珀洛斯"人类之善的基础十分显而易见"这一信念失败后，就立马发生了。这么解释是说得通的：苏格拉底一旦表明诉诸明智的展示

---

① 如此命名的另一个原因是：有一个相同的"理论"，或者至少是与其很相似的立场，在其他对话中也扮演了重要角色。参见比如《克力同》48b3-49e3，《申辩》28b3-30d5，《克利托丰》407a5-e2。我用"苏格拉底论题"所代指的，有时也有人称之以其他名称。比如说，McKim，《柏拉图〈高尔吉亚〉中的羞耻与真理》（"Shame and Truth in Plato's *Gorgias*"），页35称之为"苏格拉底式格言"；正如很多其他人一样，Kahn，《柏拉图〈高尔吉亚〉的戏剧和辩证法》，前揭，页85-86以及Santas，《苏格拉底》，前揭，页183-194将其称为苏格拉底的"悖论"。

无力动摇那种信念后，紧接着就转向正义，以便揭示珀洛斯的观点比看起来更复杂。毕竟，难道不正是通过对正义的关注，或者换句话说，通过某人的道德经验，他才开始意识到对诸如统治、财富和快乐等东西的追求是有限的吗？难道这个思想不是和一个更深层的思想，即最真实的善或许超越了对这些明显的善的享受，联系在一起的吗？① 苏格拉底转向正义是揭露珀洛斯最好的方式，因为珀洛斯并不像他回应苏格拉底开篇论证时表现的那样简单。而且，考虑到珀洛斯的看法建立在大家通常持有的观点上，苏格拉底还可以通过珀洛斯向大众教授一节更普遍的课程，也就是，人类关注点之复杂和人类对正义依赖之深。

[57] 当然，如果这是苏格拉底的目的，那他还有很长的路要走。珀洛斯似乎并不准备承认他对正义有任何关注。他对"苏格拉底论题"的最初反应是不相信任何人会那样想（参见469b8-c3）。苏格拉底选择为这样极端的立场辩护，似乎丝毫没有让事情变得更容易。重申一遍，苏格拉底选择为之辩护的观点是：行不义是所有恶中最大的恶，尤其是比起遭受不义。苏格拉底当前文段所强调的重要结论，将这个观点的极端性表现得尤为明显，这个结论是：一个人应当同情做错事的人。苏格拉底向珀洛斯证明，那些正义地杀人者不应被认作悲惨和可怜的，反倒是那些不义地杀人者应该得到怜悯，因为他们让自己变得悲惨（468e10-469b6）。苏格拉底将以上观点呈现为"不义是所有恶中最大的恶"这个原则的必然结论；而毫不妥协地坚持这个原则会导致矛盾的结论：做坏事的人伤害了自己，因此值得同情（尤参469b7-11）。②

---

① 对照 Bruel,《苏格拉底的教育》，前揭，页42-43；亦参页27-30。

② 对照《法义》731c1-d3,《申辩》25c5-26a7,《克利托丰》407d2-e2,《王制》336e2-337a2。亦参, Mackenzie,《柏拉图论惩罚》，前揭，页237-239；Grote,《柏拉图和其他苏格拉底追随者》，前揭，卷二, 336-337。

然而，这个矛盾的结论不仅不为珀洛斯所接受，也几乎被所有人拒绝，包括那些显然要比珀洛斯正派的人。大多数人很难把同情视作对不义的恰当回应。更典型的回应应该是愤怒并渴望惩罚不义。但是，我们仍然不应该由此得出结论说，"苏格拉底论题"及其后果是如此极端，以至于纯然或完全越出了普通观点。如果说对不义的通常回应传达了对苏格拉底结论的拒斥，从而使人对导致这一结论的原理有所怀疑，那么它也并没有完全转向另一边去；假如这样做了，不义引起的将不是愤怒和要求惩罚，而是明确的钦佩和模仿的欲望。愤怒和要求惩罚反映出人们对不义之人是否已经从他们的不义中遭受折磨抱有矛盾心态，[58] 但那绝不等于完全放弃对正义的关注，或者彻底抛弃正义优于不义的信念。思考"苏格拉底式"观点和通常观点对不义的回应，其间的区别立刻会让我们怀疑，"苏格拉底论题"的极端性是否正是严格关注一致性的要求所带来的结果，他甚至——或尤其——在通常观点摇摆不定、对其原理缺乏完全清楚的意识时也关注一致性的要求。①

然而，再说一次，苏格拉底的极端性扩大了他与珀洛斯之间的分歧，珀洛斯比大多数人更激烈地反对苏格拉底的论证。目前为止，几乎没有迹象表明珀洛斯对正义有一丁点关心，更不用说有那种足够强有力的、能引导他接受苏格拉底论题的关注了。然而，我们说几乎没有，并非说完全没有（再参 461b3-c4）——而且，苏格拉底同珀洛斯关于正义的讨论才刚刚开始。

---

① 在这点上，苏格拉底这部分的立场与通常观点还有另一个差异值得注意：苏格拉底对那些正义地施行惩罚的人并没有表达任何羡慕和妒忌。虽然他否认这些人是悲惨和可悲的，但他同样也否认他们值得羡慕（469a9–b2）。在此他也并没有表现出任何对于惩罚的热忱，而这种热忱珀洛斯身上明显可见，也是通常道德观的典型特质。

珀洛斯对苏格拉底的"反驳"(470c4–471e1)

此时随着苏格拉底为其论点辩护,而珀洛斯对其进行攻击,对话集中在了"苏格拉底论题"的真实性问题上。尽管珀洛斯表达了对僭主政体的赞赏,但他还是愿意承认杀人、偷窃和其他这样的事情并不总是有益的;当一个人因此被抓和受罚时,这些行为显然有害(469c8-470a8)。但如果珀洛斯承认的只是这么多,那么,说得委婉些,他就是在拒绝苏格拉底进一步以行为是否被正义地施行为基础,[59]来区分有益和有害的行为(参见470b9-c3)。换言之,珀洛斯不愿承认不义总是对行不义的人有害,或者不义必然伴随着伤害。珀洛斯绝不能接受这一理论,他甚至认为没有任何人会持这种观点,他甚至还声称一个小孩子也能反驳它(470c4-5)。在苏格拉底的催促下,珀洛斯将首次尝试反驳"苏格拉底论题",在这之后苏格拉底也将试着反驳珀洛斯"不义有时会付出代价"的观点。

珀洛斯的反驳(如果称得上是"反驳"的话)仅仅用了一个从当时政治事务借用的例子。为了表明"许多行不义的人都很幸福",珀洛斯给出阿克劳斯(Archelaus)的例子,他提醒苏格拉底,这个人在其父佩尔狄卡斯(Perdiccas)死后就一直统治着马其顿(470d2-6)。① 珀洛斯认为,仅仅提及阿克劳斯的名字就能充分展示一个不义之人可能是幸福的。但是由于苏格拉底坚决拒斥将这一点视为理所当然,于是珀洛斯描述了阿克劳斯无耻地取得权力的过程。苏格拉底承认他听说过阿克劳斯的功绩,但因为他并没有和这个人特在一起过,因此他拒绝在阿克劳斯是否幸福上作出判断(470d9-e3)。珀洛斯恼怒地

---

① 阿克劳斯于公元前413年开始在马其顿掌权。

回复说，以这个标准而言，苏格拉底甚至不会承认波斯王是幸福的。苏格拉底肯定这毫无疑问，"因为我不知道他在教育和正义上如何"（470e6-7）。珀洛斯认为这个回应荒谬且令人困惑，但我们需要非常注意苏格拉底这个说法的复杂性。

苏格拉底的陈述暗示，他将正义看成比我们日常设想更难以判断的东西；照苏格拉底看来，仅仅听说某人的行为并不够，只有花时间和那个人待在一起，才能知道他是否正义。如果说这让"苏格拉底论题"看起来比它第一次出现时更复杂了，那么我们也应当注意苏格拉底现在提出该论题时作了什么修改：[60] 不仅正义，还有教育，对幸福和痛苦所赖的美德也至关重要（对比 470e4-11 中 470e6 处的 paideias[教化]）。或许苏格拉底在这里暗示，除了正义外还有其他更高的美德要素，正如之前立法术就被呈现为比正义更高的技艺？无论如何，这条思路并没有继续往下发展，因为苏格拉底迅速回到"正义是幸福的唯一决定要素"上。他说"如果事实上阿克劳斯是不义的"，他就会视其为不幸福的人（对比 471a1-3 与 470e6-11）。

但是阿克劳斯的不义又怎样呢？我再说一遍，珀洛斯认为那显而易见。因为一个像阿克劳斯那样生活的人怎么可能不是不义的？变得愈加沮丧和挫败的珀洛斯展开了其在对话中最长的演说，他描述了阿克劳斯通往权力之路的不义（471a4-d2）。根据珀洛斯充满恶意和讥讽的生动描述，阿克劳斯原本无权执掌马其顿。因为他的妈妈是其叔父阿尔克塔斯（Alcetas）（佩尔狄卡斯的兄弟）的奴婢，"依据正义"他就应该作为阿尔克塔斯的奴隶而活。珀洛斯对苏格拉底说，"依照你的论点"这样的生活会让阿克劳斯幸福，但他却选择了行"极大的不义"来让自己痛苦。珀洛斯说，阿克劳斯父亲死后，他首先除掉了自己的叔叔及其儿子（即阿克劳斯本人的堂兄），开启了通往权力的道路。阿克劳斯通过向那些人许以权力来欺骗他们,他在宴会上灌醉他们,然后将其扔进马车,连夜拉了出去并割掉其喉咙。

珀洛斯继续说,阿克劳斯犯下这些罪行后,"他并未注意到他正让自己变得最不幸",接下来他没有忏悔,而是将目光转向了七岁的兄弟,即佩尔狄卡斯的亲生儿子、王位的合法继承人。阿克劳斯并不想通过抚养这个小孩并将权力转交给他而让自己幸福,他反而选择将其扔到井里,[61]待其淹死后再告诉这孩子的母亲,王后克莱奥帕特拉(Cleopatra),说她的孩子在追逐一只鹅时掉入井中淹死了。在通往权力的道路上做了如此多不义之事(这些不义超过了任何其余的马其顿人),依据苏格拉底的标准,阿克劳斯应当是马其顿人中最不幸而非最幸福的人了。珀洛斯对苏格拉底施以最后的猛击作为结论:

> 或许从你开始,雅典人中有人宁愿成为其他马其顿人而不是阿克劳斯。

珀洛斯对阿克劳斯一生的描绘,是想证明阿克劳斯毫无疑问是个不义之人,而这样一个人的生活却令人羡慕,即便是苏格拉底也要承认。但是,不论珀洛斯的意向如何,或许这个演讲最重要的意义是揭露了珀洛斯自己的观点。珀洛斯对阿克劳斯的不义持如此坚决和无可置疑的态度,这着实令人吃惊。然而,阿克劳斯的不义真的如此真实,以至于珀洛斯要将他视为不义之人的范例吗?毕竟阿克劳斯的血统并非典型的奴隶。珀洛斯也没有提供任何证据来证明这一系列难以查证的指控。相反,修昔底德关于阿克劳斯的就职记载就没有提及珀洛斯所描述的罪恶,反而集中讲述了阿克劳斯带给马其顿的巨大功绩。①

---

① 参见修昔底德《伯罗奔半岛战争史》2.100。

但阿克劳斯掌权后的治理情况珀洛斯丝毫没有提及。① 珀洛斯仅仅是盲目地运用礼法正义的标准，这种标准拒绝考虑阿克劳斯可能由之可以开脱的复杂情境，[62] 也唯其如此，他才能在没有进一步论证的情况下说阿克劳斯是不义的（尤参 471a4-8 和 c1-4）。②

珀洛斯对阿克劳斯的有罪并没有报以任何怀疑，反倒以强调其邪恶的方式描述了他的行为，这应当促使我们对珀洛斯对阿克劳斯的态度发出惊讶的疑问。珀洛斯心中没有怒气或愤慨吗？珀洛斯不是也显出他因这样公然且得逞的不义场景感到不平吗？但反对这种说法的人或许会说，珀洛斯显然是嫉妒阿克劳斯，既然他自己说了同样多，若将愤怒归咎在阿克劳斯身上就是无视他话中的明确意思。然而，这个反驳并不像看起来那样有力，因为嫉妒与愤怒并不必然矛盾，嫉妒甚至可能是愤怒的必要前提（再参 468e6-469c2）。实际上，在珀洛斯的演说中，阿克劳斯既是英雄又是坏人，这揭示了珀洛斯和愤怒本身的复杂性。诚然，阿克劳斯显然更多是一个英雄，但珀洛斯非常

---

① 参见 Saxonhouse，《柏拉图〈高尔吉亚〉中未言明的主题》，前揭，页 147："珀洛斯忽略了一点：阿克劳斯的一系列活动提升了马其顿相对于其他希腊城邦的地位，比如他成功地扩大了马其顿贸易，增加了马其顿同盟国，并把蛮夷地区改造成了希腊化的地区。"作为其努力的一部分，即在野蛮地区普及希腊文化，阿克劳斯接待了许多雅典理智生活的代表人物，包括欧里庇得斯（Euripide）和阿迦通（Agathon）（Dodds，《高尔吉亚》，前揭，页 241）。

② 值得关注的是，即使是在珀洛斯自己描述阿克劳斯阴谋对付其叔叔和堂兄时，他也说阿克劳斯使用了佯装"归还"马其顿统治权的计谋（参见 471b2）。或许佩尔狄卡斯的确是从阿尔克塔斯那里继承的王位（参见 471b2-3），但这里暗示，甚至在珀洛斯所描述的行为之前，王位至少在某种意义上就已属于阿尔克塔斯，这表明佩尔狄卡斯死后，局势比起珀洛斯所说的——正义明确要求阿克劳斯应作为阿尔克塔斯的奴隶而生活——更为复杂，而阿克劳斯对王位的要求或许也比珀洛斯所认为的更合法。关于珀洛斯简化了某种也许更复杂的情形，同样参见 Benardete，《道德和哲学中的修辞术》，前揭，页 44。

激烈地坚持他的不义，这就使阿克劳斯作为坏人的角色更容易呈现出来。①

[63] 然而正如我们所见，苏格拉底并不愿意向珀洛斯妥协说阿克劳斯是不义的。珀洛斯一完成他的演讲，苏格拉底就作了重要评论，也就是重申了自己演说前的立场。苏格拉底通过嘲笑珀洛斯的演说作为回击，然后告诉珀洛斯说，我自己"根本不同意你所说的任何事情"（471d8-9）。评论最直接指向珀洛斯的如下主张：阿克劳斯的生活表明一个不义的人能够幸福（参见471d7-8）。但如果我们严格地看待这个评论（"不同意任何事"，ouden），那么它同样适用于更为基本的主张，即阿克劳斯显然是个不义之人。珀洛斯演说的主旨在于尽可能确立阿克劳斯的不义，并同时强调他的幸福。而就阿克劳斯的不义而言，苏格拉底再次与珀洛斯的立场保持距离。通过这样做，苏格拉底也指出了要解决这个问题而不得不提出的质疑。也就是说，为了解决阿克劳斯不义的问题，人们最终必须提出更为基础的疑问："正义是什么？"例如，正义是否由对法的服从所构成，或者它的要求有时更为复杂？

然而，如果说苏格拉底的评论表明有提出这个问题的必要，他却又在刚刚开始明确提出这个问题时停了下来。实际上，我们能在此处

---

① 我们应当在此回忆起，珀洛斯在与苏格拉底更早的对话中已表现出对惩罚的热忱（再参468e6–469a10）。Nichols，《柏拉图〈高尔吉亚〉中正义的修辞术》，前揭，页139也认为，珀洛斯展现了"对于不义之人却似乎兴旺发达所感到的愤怒"；他描述珀洛斯对阿克劳斯的陈辞，说它像是"检察官的指控演说，演说中充满了愤世嫉俗的知识分子对不义反被报以好处的辛辣揭露"。亦参Benardete，《道德和哲学中的修辞术》，前揭，页44；Saxonhouse，《柏拉图〈高尔吉亚〉中未明言的主题》，前揭，页146–147。或可对比各种仅仅强调珀洛斯钦慕阿克劳斯且受不义吸引的解释，参见Voegelin，《柏拉图》，前揭，页26–28，以及Santas，《苏格拉底》，前揭，页238–239。

看到苏格拉底和珀洛斯对话中至关重要的局限性：苏格拉底和珀洛斯在争论并继续争论正义的好处时，根本没有考察"正义是什么"这个更为优先的问题。① 由于这违背了苏格拉底自己的辩证法原则（也就是说，在赞美或指责某物之前，必须说明它是什么），[64] 我们必须说，在苏格拉底式辩证法最完整和最深的意义上，苏格拉底和珀洛斯关于正义的讨论并不是一次对正义的辩证考察。换言之，尽管讨论的绝大部分以谈话式的交流在进行，但这些交流的目的并不是揭示正义的特点，而只是完成一些更有限的目标。

苏格拉底对珀洛斯的"反驳"（471e2–481b5）

苏格拉底没能迫使珀洛斯对更为基础的问题——"正义是什么"进行考察，但这并不意味着苏格拉底与其谈话的目的不重要。我已表明，苏格拉底的主要目的是揭示珀洛斯所关心的东西比它们最初看起来更复杂，并通过这点来表明更普遍的事实，即人类对正义关注的深度。苏格拉底此时的讲辞也增强了我们说苏格拉底怀有上述目标的自信，因为这个讲辞既包括承诺要揭露珀洛斯认同他的立场，也包括一个有关多数人所持正义观点的重要陈述。

苏格拉底讲辞的这些特点，在其讲辞主要部分的讨论中呈现出来。苏格拉底的讲辞作为珀洛斯反驳苏格拉底的尝试与苏格拉底自己反驳珀洛斯的尝试之间的桥梁，反思了珀洛斯的反驳方法与他本人即将使用的方法之间的差异。据苏格拉底称，珀洛斯所遵循的是那些在

---

① 对照《王制》354a12–c3。Benardete，《道德和哲学中的修辞术》，前揭，页 6 作出了相似的评论，那里呼吁大家注意，这不仅是苏格拉底与珀洛斯对话的局限性，也是整个对话的局限性。亦参 Newell，《统治的热望》，前揭，页 38；Santas，《苏格拉底》，前揭，页 219–220。

法庭上辩论的人的典型方法，那些人会尽可能多地带证人来支持他们办案（471e2-472a2）。而现在，在珀洛斯的辩论中，苏格拉底所指的"证人"大概是所有雅典人，即珀洛斯认为会选择阿克劳斯而不是其他马其顿人生活的人们（再参 471c8-d1）。但是如果这还算直白，那么苏格拉底采取的下一步就叫人惊讶了。他承认了甚至支持珀洛斯的观点，断言"除了少部分以外"，所有雅典人和异邦人都会跟珀洛斯说一样的话，并可以作为他的见证人。苏格拉底甚至提供了名字，[65] 包括在雅典最受尊敬的一些人：他的列表跨越了整个雅典的政治谱系，尼西阿斯（Nicias）及其兄弟，以及"整个伯利克勒斯家族"都包含在内（472a2-b3）。① 苏格拉底令人惊讶地声称这些人都能作珀洛斯的见证人，因为这实际上表明人类对正义的关心并不深切；这暗示即使是体面的人（包括最虔敬的人），对"不义是否总是最坏"也抱有极大的怀疑。换句话说，作为"苏格拉底论题"的辩护者，苏格拉底似乎将自己放在少数派中，即便不说是唯一，也至少是少数派中的一员（参考 472b3-4，c1-2）。② 然而苏格拉底的讲辞不像看起来那么简单。因为尽管他承认这些"见证人"能作证支持珀洛斯的观点，即不义的人有时是幸福的，但他也说，如果他们提供了这个证词，那

---

① 关于苏格拉底从雅典的不同政治谱系中拣选出来的人物，参见 Dodds，《高尔吉亚》，页 244；Nichols，《高尔吉亚和斐德若》（*Gorgias and Phaedrus*），页 57 注。用 Dodds 的话来说，尼西阿斯是一个"过时的保守派"；"伯利克勒斯家族"代表的是民主政党的领导人。苏格拉底同样提到了寡头政党的成员阿里斯托克拉底。

② 对照《王制》619b7-d3，《法义》660d11-622a8。苏格拉底通过描述尼西阿斯和他的兄弟以及阿里斯托克拉底供奉给诸神的贡品，强调了现在所讨论的这一文段中提到的人物的虔敬（参见 472a5-b1）。通过在这样一个语境中强调他们的虔敬，苏格拉底引导人们思考一个问题：希望正义得到神的支持是否本身就暗含了对正义之善的怀疑。关于这个问题，参见《王制》第二卷（362e1-367e5）阿德曼托斯（Adeimantus）对正义所得的典型称赞的抱怨。

么这些人就是"伪证者"(参见472a1-2，b4-6)。苏格拉底不仅是指他们是错的，更是指他们可能在说谎或为自己并不相信的说法提供支持。① 令人疑惑的是，苏格拉底因此似乎在这同一个讲辞中游移，有时承认多数人同意珀洛斯而不是他的观点，有时否认。然而这种摇摆是可能说得通的。[66] 因为这可以理解为苏格拉底所谈论之人灵魂里面的摇摆，也就是几乎每个人灵魂里面的摇摆。换言之，苏格拉底表明，几乎每个人对正义都抱有两种思想：其一，日常体面下隐藏着对"行正义是否总是明智"的怀疑；其二，在这些怀疑之下，也同样隐藏着对正义之善的更深刻的信念。

如果说对正义的这种分裂看法如此平常且几近普遍，那么它绝不是显而易见的。除非给出展示和证明，不然苏格拉底在讲辞中关于珀洛斯的诸多证人的提议就只能视为一种无根据的说法。但苏格拉底确实承诺会对其所指的正义之分歧看法做一次展示，他至少在一个场合指出了这种分裂看法。苏格拉底在此描述了他的反驳形式，它不像珀洛斯法庭风格的修辞术，它的目标恰恰是从对手身上获得自己的见证人；在当前情况下，这意味着他甚至将尝试让珀洛斯本人也同意"苏格拉底论题"。② 苏格拉底强调他的方法是直接说服单独的个体：他的对手。

但是他也同样提醒大家注意他在珀洛斯的例子中想展示的东西的更为广泛的意义，并表明不应将这个例子视作非常。苏格拉底在一个最初似乎指向相反方向的陈述中，表达了他对珀洛斯即将开始的反驳的更广泛的意义。苏格拉底否认他知道怎样说服多数人，并坦承自己

---

① 苏格拉底用pseudomarturas[伪证者]一词表达了后面这种更强的含义，而他在这段演说结束后立马说出的话也会再次确认这种含义(参见474b2-5)。参考Brickhouse和Smith，《柏拉图笔下的苏格拉底》，前揭，页76—80。

② 参见472b6-c6，472e4-473a3和474a5-b8。

甚至不会与很多人交谈，之后，他说他将直接对珀洛斯一人发出反驳（473e6-474b5）。但是，假如珀洛斯是苏格拉底唯一关心的对象，他为何要在这里提到"多数人"的问题呢？他这样做的一个原因是，提醒人们注意他能完成之事的重要限制：苏格拉底一对一的反驳不是政治性的，因为它们并不能触动大众或者影响多数人（尤其对照473e6-474b1）。然而，苏格拉底提出多数人问题的另一个原因是，促使他的听众（我们认为这尤其指高尔吉亚）反思他接下来对珀洛斯的反驳的广泛意义。因为苏格拉底不仅否认他与多数人交谈，[67]还不厌其烦地强调他们相信什么。苏格拉底重申了他将珀洛斯的见证人称为"伪证者"时所表达的含义，然后总结了关于多数人的陈述，对珀洛斯说（474b2-5处，着重强调；亦参474b8处的重复，以及考察475d1-3）：

> 我猜想，我和你，以及余下的人类都相信，行不义比遭受不义更坏，并且比起接受正义的审判，不接受的话更坏。①

最后的这个陈述完成了苏格拉底反驳珀洛斯的序言。在其中，我

---

① 关于苏格拉底谈及多数人的这段陈述的意义，McKim，《柏拉图〈高尔吉亚〉中的羞耻与真理》，前揭，页36-37处有相似的解释。McKim同我一样，强调苏格拉底努力呈现人类对正义之关注的特性。但是，依我看McKim把那种关注说得比它实际所是的要简单，他说在内心深处"我们确信"不义对灵魂的伤害"远远超过"它可能带来的任何物质利益。他还说，柏拉图相信"苏格拉底式的道德深植于我们内心，以至于其真实性无可争辩"，这也有些过头了(48)。苏格拉底将继续论证"苏格拉底式的道德"，以反驳珀洛斯和卡利克勒斯；而McKim就苏格拉底的论证是否合理这一问题的重要性过于轻描淡写。我的分析同样应与Brickhouse和Smith，《柏拉图笔下的苏格拉底》，前揭，页74-82作比较。Brickhouse和Smith也强调了苏格拉底为揭露人类关于正义真正相信什么而作的努力，同我的分析相比，他们的分析与McKim的观点更接近。

们同样能够看到苏格拉底已经扩大了他所为之辩护的立场。他不再是仅仅为"行不义比遭受不义更坏"而争论，他还将其论点扩展开来，包括主张行不义的人如果遭受惩罚，要比他们逃脱惩罚好。苏格拉底在珀洛斯的见证人和他关于多数人的陈述间隙，刻意做出这个补充（472d6-473e3）。他再次确认珀洛斯的观点是"不义之人仍然可能幸福"，并重申自己的立场是这不可能，然后就询问珀洛斯关于惩罚的事：

> 如果一个行不义的人受到正义的审判和惩罚，他是否还幸福呢？

珀洛斯可预见的回答——"当然不，因为这样他就最不幸"，[68]仅仅重复了他早前的立场（对比472d1-9与470a1-8）。但是通过引出这个回答，苏格拉底便有机会依靠主张相反的观点来回应，即就行不义而言，比起接受应有的惩罚，不接受惩罚会让人更加不幸（472e4-7）。当然，苏格拉底这样扩大自己的立场，似乎让说服珀洛斯的任务更加艰巨了，况且还正是在他承诺要试图争取珀洛斯赞同自己立场的时刻（参见473a2-3，474b2-c3）。至于珀洛斯，他几乎不敢相信自己的耳朵：苏格拉底真的相信一个行不义的人被抓住，在拷问台上被折磨，遭受宫刑，被烧，以及被迫看到自己的家人遭受和自己一样的虐待，会比那逃脱了罪行并成为僭主的人更幸福（473b12-d2）？珀洛斯非常怀疑以至于开始嘲笑苏格拉底的主张。他表达了自己被逗乐的好奇心，表示想要听听苏格拉底如何为自己可笑的立场辩护（参见473e2-5，474c2-3）。

尽管如此，珀洛斯还是被苏格拉底的反驳动摇了。至少在一定程度上，他开始被引导着去接受那个被他如此轻蔑嘲讽的立场。为了理解这个值得注意的结果，并判断苏格拉底说服珀洛斯的努力在多大程度上获得了真实成功,我们必须先回到苏格拉底反驳珀洛斯论证的开始处,并试着在细节上捋清这一论证。

苏格拉底的论证,也就是标明他和珀洛斯的对话进入新阶段的论证,以一系列意在引出珀洛斯对正义、利益和高贵看法的问题开始(考察474c4的 hōsper an ei ex archēs)。苏格拉底成功地迫使珀洛斯承认,当他将行不义看作比遭受不义更好时,他也就视其为更可耻的。苏格拉底在开篇论证的关键对话中达成了这一成功(474c4-9):

> 苏格拉底　告诉我,你认为哪个更坏,行不义还是遭受不义?
>
> 珀洛斯　遭受不义,至少我这么看。[69]
>
> 苏格拉底　那这个怎样,行不义和遭受不义哪个更可耻?请回答!
>
> 珀洛斯　行不义。
>
> 苏格拉底　那么,它也就更坏,如果它更可耻的话?
>
> 珀洛斯　一点都不。

珀洛斯在这番对话中呈现的观点承认行不义可耻;但他绝没有承认,这就使不义是有益还是有害这个问题有了明确的答案。因此,他的观点一方面暗示了可耻与坏有区别,另一方面也暗示了高贵与善有区别(参见474c9-d2)。①苏格拉底正是在这种区分上培养他的洞见。将珀洛斯的注意力引向对高贵性的考察后(也就是珀洛斯自己总是表现出关心的那种标准)(再参,比如,448c8-9、462c8-9、463d3),苏格拉底转向对"高贵"(to kalon)或者说所有高贵且美之物(ta panta

---

① 对照《法义》661d6–662a8、689a1–3,《王制》348a8–e9。

kala）的特点分析。①

苏格拉底问珀洛斯，是否所有高贵的东西都不被看作高贵本身，因为人们会"把目光移到"某些超出高贵本身的事情上。他给出了高贵的身体、颜色、形状、声音和习惯的例子。他问道：你会称这些东西为高贵吗——"如果不把目光移到别的东西上"，

> 比如，你讲高贵的身体（ta sōmata ta kala）之所以为高贵，难道不是要么指它的某些用处，即这个东西是有用的，要么就指某种快乐，如果它们让观看的人在观看时感到高兴？[70]或者除了这些，关于高贵的身体你还有什么要讲？（474d3-e1）

珀洛斯说除了用处和快乐之外，对于高贵的身体他没有什么可说了。苏格拉底则将这个观点运用到其他高贵的事物上，以"好处"替代了"用处"，而让高贵显得要么依靠快乐，要么依靠好处，要么依靠二者的混合。他再次提到形状、颜色和声音的例子，接着转到礼法和习惯：

> 种种涉及礼法和习惯的东西，都是高贵的东西，它们也不外乎是这些：要么有益，要么快乐，要么二者都有。（474e1-7）

苏格拉底最后的例子是学习和知识的高贵性，对此珀洛斯也愿意

---

① kalos 这个重要的希腊词有很多英语不能完全表达的意义。如果不嫌有些笨拙的话，"高贵且美"或许是最好的译法。我在处理苏格拉底的论证时，将把 kalos 翻译为"高贵"，因为苏格拉底论证的目的是把他对 to kalon 的分析用在正义问题上。谈论正义的高贵性比谈论正义的美更能抓住这个词的道德意义。但是重要的是牢记苏格拉底分析的这个词语的意义范围，尤其因为他的分析会在所有范围里来回移动。

同意这应该在同一层面来理解（475a1-2）。

苏格拉底的分析导向了这个观点：高贵的东西应该总是从快乐或好处的方面来理解，可耻的东西则是痛苦和伤害。依据这个观点，无论何时，如果两个东西中一个较另一个更高贵，那么它更高贵之点必须解释为它带来了更多快乐或好处，或是二者兼有。类似地，两个东西中更可耻的那个必定是由于它带来了更大的痛苦或坏处，或兼具二者（475a5-b2）。此刻，苏格拉底提醒珀洛斯回想他关于行不义和遭受不义的立场。尽管珀洛斯已经为遭受不义比行不义更坏作出论证，但他也承认行不义更可耻。然而，这个妥协现在意味着（依据珀洛斯已接受的关于高贵和可耻的分析）行不义必定在痛苦或坏处或这二者上超过遭受不义（475b5-8）。我们很难说那些行不义的人比遭受不义的人忍受了更多痛苦；如果行不义并没有遭受更多痛苦，那么它显然不可能在痛苦和坏处这两者上都更多（475b8-c5）。现在就只有一种可能了：行不义必定在坏处上超出了遭受不义（475c6-8）。然而，那些在坏处上超出他物的东西意味着比被它超出的东西更坏，亦即更糟（worse）。而相比更好的东西，没有人会选择更坏的那个（475d4-e3）。[71]当珀洛斯声称遭受不义比行不义更坏，并且将这个看法归于大多数人的时候，他并不知道自己在说什么。苏格拉底的主张被证明是对的，即"比起遭受不义，我不会，你也不会，任何人都不会选择行不义"，因为"它被证明更坏"（475e3-6）。

苏格拉底的论证是对他力量的非凡展示。但这并不是说该论证无可反驳。这个论证的核心主张中最严重的问题是，高贵之物的高贵性只能通过"转移目光"（apoblepōn）到某种快乐、好处或这二者的混合才能得到理解。如果没有"转移目光"到某种事物，事物的高贵性就不能被理解（再参 474d3-5），诚然如此；但是有人可能会反对，认为此时所看向的未必只能是快乐，或好处，或二者的混合。人们不是可以争辩说，当我们将一个事物视作高贵的，我们看的恰恰就是其高贵性本身，即某种自立自存、不能降解成快乐或好处的性质？或者，即便一个人承认注意快乐或好处是必然的，服务于谁的快乐或好处这个问题岂不仍然保持了开放性吗？在苏格拉底自己的第一个例子中（高贵的身体），快乐属于那些看见美的身体的人，而不是拥有美的身体的人（参见474d8-9）。类似地，高贵的人及其行为难道不能因为带给其他人快乐和好处而被认作是高贵的吗？①[72] 或者以另一种方式来考虑这个问题，有人或许会问，身体、颜色、形状和声音这些东西的高贵性，是否真的提供了理解人类及其行为之为高贵的良好模型？苏格拉底巧妙地利用了"高贵"（kalos）这个词的意义范围，他说这个词语不管修饰什么，都意味着同样的事；通过转向习俗和礼法，他让例子变得简单了，然后他凭借身体、颜色、形状和声音的例子首次建立起关于"高贵"的明确观点，接着便处理行不义与遭受不义的问题。但是，人类及其行为难道没有其他特别的品质，让它更抗拒以好

---

① 这是其他评论家经常讨论的反对意见，特别是Gregory Vlastos在其著名的文章中提出来以后。参见Vlastos，《珀洛斯被驳倒了吗》（"Was Polus Refuted?"），页454–460。Vlastos的文章应该与其他描述作比较，它们不同程度上对Vlastos表示赞同。参见Mackenzie，《柏拉图论惩罚》，前揭，页241-244；Kahn，《柏拉图〈高尔吉亚〉的戏剧和辩证法》，前揭，页88-92；Santas，《苏格拉底》，前揭，页233-240；Irwin，《高尔吉亚》，前揭，页157-158；McKim，《柏拉图〈高尔吉亚〉中的羞耻与真理》，前揭，页241-244。亦参Vlastos在《苏格拉底：讽刺家和道德哲学家》，前揭，页139-148，那里再次陈述了他的论证。针对"苏格拉底论题"，早期的解释倾向于更少的批判，参见Friedländer，《柏拉图》，前揭，卷二，页256-257；Taylor，《柏拉图》，前揭，页113-114；Adkins，《价值与责任》，前揭，页267。Vlastos批评那类解释不加质疑地接受"苏格拉底论题"，这是对的，但是他说在他之前没有谁对"苏格拉底论题"的合理性提出过任何疑问，这就说得太过了（《珀洛斯被驳倒了吗》，前揭，页454）。参见Grote，《柏拉图和其他苏格拉底追随者》，卷二，页334-335；Dodds，《高尔吉亚》，前揭，页249。

处和快乐作为标准的解释？①

　　这些反对都足以让人对苏格拉底的论证产生怀疑。但珀洛斯并没有提出其中的任何一个反对，他只是随着论证走。考虑到方才提到的那些反对的特性，我们能够理解为什么珀洛斯没有反驳。那些反对的要旨，我们或许可以称之为从道德上来反对苏格拉底从快乐和好处的角度来分析高贵。也就是说，[73] 它们反对人们分析高贵时将高贵性降格成快乐和好处——那无异于玷污高贵。② 然而，这样的分析非常吸引珀洛斯，因为他热切地将自己呈现为性格坚韧的现实主义者（尤其参考 475a2-4）。可是，就算能够解释珀洛斯竟然接受苏格拉底对高贵性的分析，他对整个论证的接受还是令人惊奇。更具体地说，最让人觉得奇怪的是，珀洛斯同意了关于高贵和可耻的观点，这让快乐或好处成为高贵的基础、让痛苦或坏处成为可耻的基础，而在这之后，他仍然并没有收回行不义比遭受不义更坏这个观点。换句话说，一旦珀洛斯接受高贵与快乐、好处，以及可耻与痛苦、坏处之间有必然关联，我们就以为珀洛斯会修正关于高贵和可耻的理解（参考 475a2-c9，474c7-d2）。这种修正使他可以接受苏格拉底关于高贵性的

---

①　参见上文注释中对 kalos 范围的解释。虽然我在注释中说明了我把 kalos 翻译成"高贵"的原因，但是在提及身体、颜色、形状、声音的"高贵性"时，我们可以看到，没有哪个单独的英语单词能涵盖 kalos 的意味。这些例子中或许用"美"更合适，尽管在这两个用语之间游移可能会造成前后不一致，并且遮蔽了希腊文中它们原本是同一个词这一至关重要的事实。但是，说来也奇怪，尽管寻找一个合适的英语单词来应用于苏格拉底所有的例子十分困难，但正因如此，我们也可以看到他论证推进过程中的可疑之处。"习俗"最后出现在苏格拉底初始的例子清单中，这并非偶然，因为初始清单中的顺序恰恰确立了论证的顺序或发展（参见 474d3-4）。

②　参见，比如 Kahn，《柏拉图〈高尔吉亚〉的戏剧和辩证法》，页 93-94 反对"苏格拉底依赖于 to kalon 的表面分析"，这样做"有降低这个术语的道德含义的效果"（此处的强调为 Kahn 所加）。亦参 Friedländer，《柏拉图》，卷二，页 256-257。

强硬观点，同时也很容易逃脱苏格拉底关于正义之善的结论。然而珀洛斯从未作出这一简单的修正。①

[74] 或许珀洛斯只不过是因为迟钝而错失了机会。然而，即使珀洛斯不是所有对话者中最犀利的，他也绝非愚蠢之人。因此看起来更可信的解释是，珀洛斯没有否认行不义可耻，其实反映了他不情愿否定，这种不情愿源于他其实相信行不义是可耻的。或许我们不应该讶异他坚持如此信念，即使这个信念使他必须接受不义必定有害的观点也在所不惜。毕竟，珀洛斯早前不也表现过他对阿克劳斯及其"成功的"不义的愤慨吗？② 就珀洛斯被不义激怒并为之感到可耻而言，也就是说，就他不赞成不义而言，他不是至少会渴望把不义也视为有害的吗？如果是这样，苏格拉底的论证允许珀洛斯接受的，就是他在某种程度想要接受且在某种意义上已经接受的观点。换句话说，苏格拉底的论证成功揭露了珀洛斯被掩盖的对正义的关注。重申一遍，珀洛斯认为行不义比遭受不义更可耻，即便当苏格拉底表明这暗含对正义之善的接受时，他也毫不含糊，这至少表明珀洛斯实际上是关心正

---

① 那些强调"苏格拉底论题"薄弱的人，并没有充分重视珀洛斯对"苏格拉底论题"的失败反驳。参见，比如 Vlastos,《珀洛斯被驳倒了吗》，前揭，页 454–460,《苏格拉底：讽刺家和道德哲学家》，前揭，页 139–148；Mackenzie,《柏拉图论惩罚》，前揭，页 241–244；Santas,《苏格拉底》，前揭，页 233–240。在我看来，McKim 则在另一个方向上走得太远，他过于看轻"苏格拉底论题"的"逻辑"问题，不过，他的分析的长处在于强调了珀洛斯之赞同的"戏剧性"意义，以及这种赞同如何揭示了珀洛斯的关注（尤参《柏拉图〈高尔吉亚〉中的羞耻与真理》，页46–47）。Kahn,《柏拉图〈高尔吉亚〉的戏剧和辩证法》，页 94–95 也讨论了珀洛斯的赞同，但他仅仅将其解释为珀洛斯顺从和附和"公共意见"的结果。我的分析将在一些重要方面不同于McKim，但是比起 Kahn 的方法，我还是更接近 McKim 的方法。

② 再参 470d5–471d2；并回忆珀洛斯先前对苏格拉底的怒气（461b3–c4）。

义问题的。因此苏格拉底兑现了他的承诺,揭示了珀洛斯对正义的依赖。①

但是我们必须注意,不能过分估计苏格拉底的成功。公道地讲,最多能说苏格拉底展现了珀洛斯实际上确实关心正义,并且以正确的论证让珀洛斯承认了这种关心。但这样的论证能够让珀洛斯抛弃对不义的追求以及对正义之善的怀疑吗?[75]苏格拉底通过陈述其论证结论时所提出的类比,以不同的形式提出了同样这个问题。苏格拉底催促珀洛斯"像服从医生一样,高贵地服从论证"(475d6-7),他运用了一个类比,让人忆起他早前关于技艺的分类表,并因此暗示,其论证应当被归为"审判术"这种技艺的例子,即它致力于恢复灵魂的基本健康。然而,除了要记得这种技艺并非作为最高之技艺呈现外(最高的技艺被命名为"立法术"),我们还必须询问这种灵魂治疗技艺的力量。如果珀洛斯的灵魂患病是因为他怀疑正义之善,从而被不义吸引,那么苏格拉底的论证究竟能提供多少治疗呢?②

诚然,苏格拉底对珀洛斯取得了一定的成功。但当苏格拉底进一步展开论证时,上述成功的局限性就逐渐明显,并占据了第二个主要议题,即他和珀洛斯存在分歧的问题,那就是惩罚问题。苏格拉底的进一步论证是我们业已讨论过的论证的扩展:他说不义的人受审判比逃脱审判要好。这依赖于一个关键前提,也就是在前一个论证中达成的共识(尤参476e3-477a2),它完成了苏格拉底对珀洛斯的反驳,并以最完满的形式完成了对"苏格拉底论题"的辩护(尤参479c8-e6)。然而,我们当前最重要的目的是获得珀洛斯的回应。尽管珀洛斯甚至

---

① 对照 McKim,《柏拉图〈高尔吉亚〉中的羞耻与真理》,页 44–47。我在这一段中的论点与 McKim 相似。然而接下来的一段将显出我与他的不同,在我看来,McKim 把苏格拉底的成功表现得比其本身更彻底。

② 参见 Benardete,《道德和哲学中的修辞术》,前揭,页 50–51。

赞同苏格拉底论证中最激进的主张,他还是远远没有达到完全确信的程度。因为当苏格拉底的问题要求珀洛斯在不同阶段作出肯定回答时,珀洛斯却频繁使用诸如"好像这样""很有可能"这样的短语来回应。很明显他有所保留。① 诚然,有些时候珀洛斯的回应证实了由苏格拉底先前论证所提示出来的东西,即珀洛斯关注正义。② 但这样的时刻太少了,[76] 以至于苏格拉底在早前的论证中不得不在关键时刻提醒珀洛斯回想主要原则(参见477c4-5)。我们有一种感觉:珀洛斯在他愿意的程度内赞同苏格拉底的论证,更多是因为他忠于从推理到结论的线索,而非真正被说服(尤参475e2-3,480e1-2)。③

事实上,有几个好的理由可以证明苏格拉底关于惩罚的论证不具说服力。我们不必深入到复杂而冗长的论证细节中,也可以对其主要步骤作出简短总结。④ 苏格拉底的论证开始于对如下原则的辩护:无论何时一种行为发生,"遭受"这一行为的人与正在施行这件事的人会拥有同样类型和程度的经验。比如,如果一次猛烈而迅速的击打发生了,那么被击打的人就像击打者猛烈而迅速地击打一样,被猛烈而迅速地击打(476b7-c3)。苏格拉底确立这个原则的目的是,表明正义的惩罚不仅包含了惩罚者施行的正义行为,也包含了受罚者所受的

---

① 参见,例如,477a3、e2、e6,478b2、e2、e5,479a4、d1–3、d6、e9;甚至在更早的论证中也有呈现,参见475c7、d4、e2–3、e6。

② 参见,例如478b3–5,476b1–3、e3–4。

③ 对照McKim,《柏拉图〈高尔吉亚〉中的羞耻与真理》,前揭,页46–47。对于苏格拉底对珀洛斯成功程度的评价,我更接近Kastely,《柏拉图〈高尔吉亚〉之辩护》,前揭,页97、106;Arieti,《柏拉图哲学式的〈安提俄珀〉》,前揭,页205;Benardete,《道德和哲学中的修辞术》,前揭,页50–51。

④ 对该论证及其弱点的更彻底研究,参见Mackenzie,《柏拉图论惩罚》,前揭,页180–184。亦可对照Benardete,《道德和哲学中的修辞术》,前揭,页53–57;Santas,《苏格拉底》,前揭,页240–246;Grote,《柏拉图和其他苏格拉底追随者》,前揭,卷二,页336。

折磨（476d5-e3）。反过来，这促使苏格拉底回到早前论证已经达成的诸多共识。通过回溯那些共识，苏格拉底就能迫使珀洛斯承认，正义之事是高贵的，因此也是善的。如此一来，惩罚的承受者作为正义之事的承受者，就必定是在遭受或经历着善的事（476e2-477a4）。当然，苏格拉底在此对早前共识的依赖，取决于几个假设：[77] 所有正义之事都是高贵的；既然是高贵的，就对涉及其中的每个人都有好处。但这些假设若应用到惩罚问题上，就很可能让人生疑（参见476b1-2，476e2-477a4）。①

但是，苏格拉底论证中的一些更重要的麻烦，在他试图说明人从惩罚中如何获得巨大益处时浮现出来。苏格拉底认为，惩罚使灵魂从控制它的恶那里解脱出来，从而改善它的不义。正如贫穷是财产的恶，疾病是身体的恶，不义则是灵魂的恶。更确切地说，苏格拉底只是在某些场合这样讲，然而，在其他场合他仅仅将不义呈现为灵魂诸恶中的一种，因为灵魂的恶还包括了缺乏节制、怯懦和无知。②苏格拉底提及其他诸恶或陋习，这给他的论证带来几个问题。惩罚能将人从灵魂所有的恶中解放出来，还是只能从其中一种恶中解放出来？就此来讲，它究竟如何把人从其中任何一种恶中解放出来呢？例如，如果实在难以解释惩罚如何将人从无知中解脱出来，那么它如何把人从不义中解脱出来也并不明显。但是苏格拉底的论证明确地依赖于一个观点，即惩罚将一个人从"最大的伤害和惊人的恶"中解脱出来，因为只要该观点是真的，那么不义之人谋求惩罚就会使自己变得更好，即便其中包含了不可否认的痛苦（参见477d1-e6）。然而，苏格拉底并没有

---

① 在这个方面，值得回忆苏格拉底自己早前不愿对惩罚者表达任何钦佩或羡慕（再参 469a4-b2）。亦参《法义》860b1-7。

② 对照 477b6-8、c2、c3-4、c9-d1、d4-5、e4-6, 478b1 和 d6-7 处的确切表达；在身体的例子中有类似的摇摆，对照 477b3-5、c2、e8。

给出一个完整且具有说服力的例子,来表明惩罚能治愈不义的灵魂。他也没有认真回答之前的问题,即为什么不义是灵魂中首先可能有的"巨大的伤害和惊人的恶"。①

[78] 苏格拉底的论证呈现了诸多问题,其中最后一个意义重大,因为它揭示了论证中最大的分歧,以及珀洛斯拒绝彻底接受论证的最大原因。为了鉴别这一分歧的重要性,我们应该足够重视苏格拉底的论证,并小心不要过于轻视它。因为它终结于一个奇怪的主张:向敌人复仇的最好方式是帮助他逃脱惩罚(参见 480e5-481b1)。这引诱我们把该论证视为荒谬和"反讽"。②

但我们有理由说明为什么应该抵制这种诱惑。苏格拉底概述了一种可以被称为苏格拉底式惩罚理论的东西,这看似有几分道理。根据这个理论,惩罚使灵魂从控制它的恶那里解脱出来,从而改善它的不义。然而此处或许最重要的是,苏格拉底并没有提及通常所认为的惩罚的两个重要目的:威慑和报应。实际上,苏格拉底对这两个目的的沉默,跟其他任何因素一样,都使他的论证看起来如此奇怪和不切实际。不过,苏格拉底的论证尽管奇怪,还是抓住了某些东西,这些东西有时可能很难辨明,比起预防未来犯罪和报复过去的罪行,它们并没有少出现在我们关于惩罚的信念中。难道我们不也相信惩罚能修复不义的灵魂,或为其提供救赎的道路吗?虽然并不总是那么明显,但就通常对惩罚的想法而言,这样的观点并非完全陌生,即惩罚所包含的痛苦能使人得到净化和复原。如果这样的信念与惩罚也应该产生理所应当的害处相抵触,那么,冲突与其说显示了苏格拉底陈述中的缺

---

① 最后一点参见 Benardete,《道德和哲学中的修辞术》,前揭,页 51;Grote,《柏拉图和其他苏格拉底追随者》,卷二,页 336-338。

② 参见 Dodds,《高尔吉亚》,前揭,页 257-259;Thompson,《高尔吉亚》(*Gorgias*),页 70。

陷，不如说显示了我们关于惩罚信念的困窘，这种困窘在于，我们相信惩罚应当既是有害的东西又是有益的东西。苏格拉底的"惩罚理论"能唤醒我们对这种困窘的认知并提醒我们注意，甚至在我们关于惩罚的信念中，也隐藏着某些盼望。[79] 实际上，情况就是这样，苏格拉底论证的证据，恰恰在于人们情愿承认那些前提，而这些前提就导向了苏格拉底所引出的极端结论。①

然而，尽管苏格拉底的论证或许拥有唤醒思想的力量，但是它使人信服的力量却有限。再回到珀洛斯，虽然他承认了关键的前提（再参 476e2-477a4），但他也只是心不在焉地跟随着论证。苏格拉底的论证也许成功地揭示了珀洛斯从未意识到的自己所拥有的信念，但珀洛斯也仅仅是勉强接受论证，他是否已经永久地转变了看法，仍然值得怀疑。此外，珀洛斯的勉强可以视为与惩罚问题及其复原的力量相联系。也就是说，非但珀洛斯不情愿接受苏格拉底关于惩罚的论证，这种不情愿本身也可视作他不情愿接受他正在遭受的惩罚。毕竟，苏格拉底让珀洛斯服在其下的反驳，不就是一种惩罚吗？

我们已经讨论过苏格拉底早些时候论证中关于医生的对比。可以肯定的是，在其关于惩罚的论证中，治疗术的类比同样起着重要作用，这点绝不仅仅是巧合。实际上，苏格拉底详细地描绘了这个类比，比较了惩罚对灵魂的作用和医术对身体的作用（参见 477e7-479c6）。苏格拉底对这个类比的强调，特别是与他自己的论点和之前医生的类比相结合时，鼓励我们将他对珀洛斯的反驳看作一次对珀洛斯灵魂有好处的惩罚行为。然而，这条思路比之前更为尖锐，它迫使我们去追问，珀洛斯被给予的是否不仅仅是一种暂时的治疗。无疑，期望他观点上的改变能长久持续可能过分乐观了。而且，如果珀洛斯要反抗他受引导而同意的立场（他肯定愿意如此），那么他的反抗也不全是不

---

① 对照《王制》335b2–d13。

正当的。苏格拉底诉诸并依赖于珀洛斯对正义的依恋，[80]由此来试图修复他对正义的信奉，但苏格拉底并没有依靠真正令人信服的对正义之善的辩护来支撑这些努力。

这样看来，我们似乎不能避免得出一个结论，即问题不仅在作为惩罚的承受者的珀洛斯身上，也在作为惩罚的施行者的苏格拉底身上。苏格拉底看起来更像善于诊断疾病和给出治疗需要的医生，而不是擅长提供真正的治疗的医生。

如果苏格拉底对珀洛斯的反驳可以看成一次惩罚行动，那么它同样也可以看作一次修辞术行为，尽管不是苏格拉底早前批评过的那种修辞术。在与珀洛斯对话的最后，苏格拉底回到修辞术的主题，并对修辞术的正确使用做了说明。他说，修辞术不应该用来为一个人或其家人、朋友和祖国的不义作辩护演说；相反，它应该用来控诉一个人或其家人、朋友的不义，因为不义应受到惩罚（480a6-d7）。换句话说，苏格拉底拒绝了修辞术最一般的、在道德上可疑的用法，而代之以新奇和正义的用法。苏格拉底现在肯定打算让高尔吉亚也和珀洛斯一样，听到他关于修辞术的结束语。我们可以这样说，针对高尔吉亚的力量，苏格拉底暗示了一种更好和更正义的使用方式，以此结束他和珀洛斯的对话。高尔吉亚不应将修辞术当作利用工具，而应当用它来帮助自己和其他人，无论何时自己或亲近的人偏离了正义的轨道，就用修辞术来予以控诉。

进而，这一说法也与苏格拉底在高尔吉亚眼前同珀洛斯所做的一切事相一致。苏格拉底揭示了珀洛斯所感到的从不义而来的诱惑，接着他也同样表明，尽管有这样的诱惑存在，珀洛斯仍然对正义有着隐藏的关心，这提供了使他归正的基础。如果说苏格拉底不能彻底完成这项改变的工作，那么这是否能成为高尔吉亚的工作呢？通过向高尔吉亚揭露珀洛斯这种人真正关心和需求的东西，苏格拉底是否在为高尔吉亚准备一个新的任务呢?

[81]目前,对这些问题还必须暂不下定论。苏格拉底与珀洛斯交谈的结尾,让我们依旧疑惑苏格拉底到底在追求什么目的。虽然这些问题传达出的暗示貌似可信,但考虑到一些因素,我们应该犹豫是否将其作为最后的定论。疑惑的一个原因在于苏格拉底对珀洛斯有限的成功(我们已经被迫承认这点),让高尔吉亚去做是否可能更好?即使苏格拉底能向高尔吉亚展示了珀洛斯关注点的复杂性,这位修辞术大师是否就能为珀洛斯的疾病提供治疗呢?除此之外,值得注意的还有苏格拉底对修辞术的最后阐释,它在修辞术可能使用的方面提供了不完全列举。苏格拉底拒绝将修辞术用作犯错之人的自我辩护,他鼓励犯错之人自我控诉。但是当一个人并没有犯错,也就是说,当某人被不义地控诉时,自我辩护又如何呢?我们早前关于苏格拉底对修辞术兴趣的想法,不是在引导我们往这个方向走吗?苏格拉底对修辞术的这种使用方式保持沉默,是因为他为这样一种观点做辩护——正义应该总是人们最优先关注的。表达对自卫的关心与这一立场的精神并不一致,苏格拉底也不止一次强调,他对修辞术的主张由他关于正义的立场所支配(参见480a1-4、b3、e3)。但是苏格拉底并非彻底沉默不谈自卫,在一段令人惊讶的评论里,他补充说,我们必须小心,不要在敌人手里遭受不义(参见480e6-7)。自卫的议题和苏格拉底正义立场之间的联系,在此刻给我们留下了一些悬而未决的问题。如果苏格拉底关于正义的立场最终证明有问题,那么他对修辞术之运用的评价又将是怎样的?就一种自我辩护的修辞术而言,是否有更强有力的支持其存在的理由呢?那样的修辞术看起来又会是什么样的呢?

第三章　苏格拉底与卡利克勒斯之间的对抗

[82]苏格拉底最终成功地驯服珀洛斯，并展现了珀洛斯的关注点，这一定让高尔吉亚印象深刻。但疑问或许也不会随之消散，比如，苏格拉底对珀洛斯的成功（虽然相当有限），能否复制到一个更为严苛的对话者身上。高尔吉亚也会怀疑，苏格拉底向珀洛斯揭示的对正义的依赖，是否真的是人类灵魂深度关切的东西，而非珀洛斯感到羞耻后的反应。如果说这些是对话进行到这一时段高尔吉亚的想法，那么他将欢迎卡利克勒斯加入。卡利克勒斯一加入对话，气氛就变得更加严肃和苛刻了。卡利克勒斯大声质询苏格拉底是否真正严肃地在为其刚刚辩护的立场辩护，接着他叫嚣道：

> 如果你是认真的，并且你所说的也确实是对的，难道不意味着我们作为人类的生活颠倒了？我们所做的事情和我们应该做的事情是相反的？（481c1–4）

此时我们可以感受到气氛变了。卡利克勒斯不像珀洛斯，无论论证导向何处都愿意半推半就地跟随，他对苏格拉底论证结论的严肃性有更敏锐的感觉。至少就这个方面而言，卡利克勒斯一开始就显得是苏格拉底令人印象最深刻的对话者。

卡利克勒斯也将向苏格拉底发起最意义深远的挑战。他不会花太多时间攻击苏格拉底的生活方式本身。苏格拉底和卡利克勒斯之间的分歧将证明同柏拉图对话中的任何分歧一样深刻；[83]在其他任何地方，柏拉图都没有允许哲学生活的批评者如此有威力地发言。① 此外，苏格拉底和卡利克勒斯之间的分歧还将被证明是无法弥合的。然而，如果说苏格拉底在某种程度上还能同高尔吉亚和珀洛斯有思想上的交流，那么卡利克勒斯则对苏格拉底的魅力和论证反抗到底。卡利克勒斯反抗的原因绝非简单明了；虽然我们很容易观察到苏格拉底与卡利克勒斯之间的分歧，但要理解这一分歧却非常困难。因此，我们的任务是尝试跟随苏格拉底和卡利克勒斯对话中时常令人困惑的转折和转向，从而努力揭示到底是什么真正让这两个十分不同的人产生分歧。

我们可以从苏格拉底回应卡利克勒斯开篇问题的开篇讲辞中获得一些最初的帮助，从而理解二人的分歧。苏格拉底一开始就将卡利克勒斯当成已然熟识之人对待，并且也正是苏格拉底，用一段长篇讲辞描述他和卡利克勒斯的共同点和分歧，挑起了争斗。② 根据苏格拉底的描述，他和卡利克勒斯都是有情人，也就是说，他们都分享着灵魂

---

① 很多评论家已经强调了苏格拉底和卡利克勒斯之间这种深刻的分歧，以及卡利克勒斯在挑战苏格拉底生活方式上的力量。参见，例如 Taylor，《柏拉图》，前揭，页 106、122；Jaeger，《教化》，前揭，卷二，页 136–137；Voegelin，《柏拉图》，前揭，页 28–32；Romilly，《伯利克勒斯时期雅典的伟大智术师们》，前揭，页 156；Kahn，《柏拉图和苏格拉底式对话》，前揭，页 134；Euben，《败坏青年》(Corrupting Youth)，页 217；Newell，《统治的热望》，前揭，页 10–11。

② 苏格拉底现在正与一个雅典同胞交谈，虽然除了在《高尔吉亚》中的角色以外，我们对他一无所知。有人推断卡利克勒斯是虚构的人物，或者是其他人物的"化身"。但这些都仅仅是猜测，对此表示怀疑的有 Dodds，《高尔吉亚》，前揭，页 12–13。同样参考 Romilly，《伯利克勒斯时期雅典的伟大智术师们》，前揭，页 156；Rankin，《智术师、苏格拉底学派和犬儒学派》，前揭，页 69；Taylor，《柏拉图》，前揭，页 116。

的强烈体验——爱欲（eros）。① 但是，如果说对爱欲的体验是他们之间共同的基础，[84] 那么他们的不同则首先在于爱欲的对象。苏格拉底将自己描述为爱欲阿尔喀比亚德和哲学的人，而将卡利克勒斯的爱欲对象归于雅典民众（dēmos）和一个叫德莫斯（Demos）的年轻人（481d2-5）。鉴于卡利克勒斯将要谈论的是很多事情，我们不禁会好奇，苏格拉底声称卡利克勒斯是民众的爱欲者，或者更一般地说，是个有爱欲的人，这是什么意思。但是，现在我们应该仅仅观察苏格拉底提醒我们注意的，即他和卡利克勒斯之间进一步的差异。苏格拉底不仅指出他和卡利克勒斯爱欲着不同的东西，也暗示他在反对其所爱之一的能力上与卡利克勒斯不同。在苏格拉底看来，卡利克勒斯总是根据情伴的一时兴致和意见在变化，而苏格拉底则声称他坚定地同哲学言辞站在一起，并且会因其另一个情伴阿尔喀比亚德的动摇而指责他（481d5-482b1）。

苏格拉底声称，他强大的一贯性应归结于哲学的一贯性及其毫不动摇的演说。为了回应卡利克勒斯的问题，即他是否真正相信"苏格拉底论题"，苏格拉底做出了对卡利克勒斯开篇回应中最重要的陈述：

你不要惊讶于我讲这些事情，也不要阻止我的情伴——哲学去言说它们。因为，我亲爱的伙伴，哲学总是言说你现在从我这里听到的东西，而它几乎不像其他情伴那样不稳定。因为这科勒依尼俄斯族人（Cleinias）[阿尔喀比亚德] 在不同的时候有不同的说法，但哲学一直采取相同的说法，而且它说的正是你现在惊讶的东西；而且这些东西被讲出时你也在场。因此要么反驳那一个，如同我刚才所说，证明行不义和行不义而未受惩罚并非所有恶中

---

① 为了更好地理解 481d3 苏格拉底对 eronte 这个术语的使用，参见《会饮》205a5-209e4。亦参 Newell，《统治的热望》，前揭，页 11-13。

最恶的;要么,如果你就保持这点不被反驳,那么,卡利克勒斯啊,凭埃及人的神狗起誓,卡利克勒斯不会同意你,而且会在反对你中度过一生。(482a3-b6)

苏格拉底通过这段陈述为他和卡利克勒斯的争论搭建了舞台。但他是以一种复杂的方式完成的。或许更重要的是,他在这里对"苏格拉底论题"作出了关键补充,他现在将该论点前所未有地作为哲学观点呈现出来。[85]如此一来,苏格拉底就将哲学作为对话首要的问题,并且将哲学生活和对正义的伟大献身联系起来。但是苏格拉底也对卡利克勒斯设置了挑战:如果卡利克勒斯始终如一,他就必须反驳苏格拉底这里归于哲学的观点。这或许是一件引人注目和令人惊奇的事情,因为它意味着某种程度上卡利克勒斯自己持有这种观点。换句话说,苏格拉底在卡利克勒斯的例子中重申了他在讲到珀洛斯的"证人"时所提出的观点,即几乎每个人都在正义之善的看法上有分歧。但是苏格拉底明显认为,卡利克勒斯,甚至卡利克勒斯,在某种程度上也相信"苏格拉底论题"所表达的东西,他这种判断的基础是什么呢?

卡利克勒斯的开篇演讲(482c4-486d1)

从苏格拉底的陈述所暗含的意味来看,卡利克勒斯的观点是复杂的,但这一点显然被卡利克勒斯对"苏格拉底论题"的著名抨击掩盖了。卡利克勒斯长篇开场讲辞的第一个部分的首要目的,就是对"苏格拉底论题"进行攻击。这是一篇出色的讲辞,它包含着对哲学尤其是对苏格拉底的攻击。

然而,卡利克勒斯通过抱怨苏格拉底动摇高尔吉亚和珀洛斯的"煽动性"论证,开始了他的讲辞。卡利克勒斯认为苏格拉底先是利用高尔吉亚在"人类礼法"面前的羞耻,迫使高尔吉亚承认自己是正义的教师,从而反驳了他自己。之后,苏格拉底又对珀洛斯取得了类似的胜利,因为珀洛斯最终也屈服于让高尔吉亚受到谴责的羞耻感(482c4-d6)。卡利克勒斯对这两次胜利进行了分析,其中对后者的分析,即苏格拉底对珀洛斯的胜利,比前者更长也更具启示性。在卡利克勒斯看来,珀洛斯采取的步骤,即把高贵和羞耻降低至关于快乐和好处的考虑,乃是正确的。但是卡利克勒斯又反对说,如果有人采取了这样的步骤,那么他就不应该继续持有行不义比遭受不义更可耻的观点:珀洛斯太羞愧了,以至于不能完全抛弃那些所谓高贵和羞愧的东西,[86]即"依礼法"的高贵和羞耻。而正是通过利用这种羞耻,苏格拉底才得以在论证中使坏(482d7-483a7)。

虽然有人会驳斥卡利克勒斯"仅仅是羞耻导致珀洛斯对苏格拉底让步"的主张,但卡利克勒斯的确正确地查明了珀洛斯的关键"错误",并将其定位在珀洛斯决不撤回的一个观点上——行不义比遭受不义更可耻(尤参 482d7-8)。更为重要的是,卡利克勒斯关于珀洛斯落败的解释,导致他提供了一个看起来更清楚直率的有关自己观点的陈述。卡利克勒斯强调如果珀洛斯能放弃礼法,坚持简单的自然标准,他就能在苏格拉底诱陷他时避免矛盾:

> 凭自然,一切更坏的东西就更可耻,尤其是受不义;但是凭礼法,行不义更可耻。(483a7-8)

从这大胆的陈述看来,卡利克勒斯似乎相信唯一真实、自然的标准是利益或者好处。如果高贵意味着什么,那么它就应该完全由那个在先的标准来判定,而对正义却不需要严肃对待,因为它不具备好处。

然而,卡利克勒斯却继续依据高贵甚至依据正义来陈述。随着他讲辞的进一步发展，我们发现他其实并非在为放弃对高贵和正义的所有考虑作论证（基于唯一有意义的标准是好处），而是在论证某种关于真正的高贵和正义的理解。[①] 虽然乍一看卡利克勒斯的观点似乎尤其让高贵性完全派生于好处（再次参见，"凭自然，一切更可耻的东西也更坏"），但是进一步观察他的讲辞会发现，他并没有始终如一地坚持这个观点。

在卡利克勒斯看来，"男儿气概"似乎能最直接地替代"好处"作为高贵的基础，这个品质的确包含着对个人而言有益的、亟需增加的力量，[87] 但是在卡利克勒斯的评估中，其价值不会被限制为仅仅是达成目的的手段。卡利克勒斯简单陈述了因其强调男儿气概而引发的问题。然后，他的讲辞便很快转向对"真正男人"的赞美上（参见483a8-b2）。但是，真正的男人和其他人之间关键的区别，仅仅在于前者更有能力和更成功地确保自己的利益吗？对这一问题的回答似乎起初是肯定的。卡利克勒斯争论说，只是因着依循礼法和弱者自私的阴谋，人们才被教育应该相信行不义比遭受不义更可耻，并让更强有力的人（即真正的男人）尊重大多数人的礼法，告诉他们不应索取比平均份额更多的东西（483b1-c9）。但是卡利克勒斯说，"自然本身昭示"真正的正义在于更优者比更差者、更有能力者比更无能者拥有更多（483c9-d2）。卡利克勒斯说，就自然正义的基础而言，他只不过描述了盛行于世界的情况：在动物界，以及在城邦和人类部落中，尤其像波斯王薛西斯和大流士那样的伟大帝王，他们都表明强者应当支配弱者（482d2-3）。然后，卡利克勒斯为强者普遍压迫弱者这个观点提供了可以称得上是刺耳的现实主义

[①] 参见 Nichols,《柏拉图〈高尔吉亚〉中正义的修辞术》，前揭，页 142；Dodds,《高尔吉亚》，前揭，页 15、266–267、390 ; Taylor,《柏拉图》，前揭，页 116–117。

辩护。①

　　但这个论证的困难在于，"刺耳的现实主义"是否最好地描述了卡利克勒斯真正的观点。首先，这里有个疑问：为什么由强者压迫弱者这一事实能推断出他们这么做就是正义的。尽管卡利克勒斯和一些别的人都对这个世界中力量的不平衡做了相似论证，但卡利克勒斯与他们最惊人的区别在于，他并没有下结论说，这种不平衡使正义变得毫无意义；相反，他坚持这些不平衡符合真正的正义。②[88]但是这个结论仅仅基于"现实主义"能说得通吗？换句话说，如果正义的基础仅仅是权力，那么继续言说正义还有意义吗？卡利克勒斯的确继续言说着正义，这暗示引导他的不只是对权力重要性的"现实主义的"理解。

　　卡利克勒斯论证中更困难的一点在于，它所依赖的"事实"并不像论证所要求的那么简单。毕竟根据卡利克勒斯自己的描绘，强者也不总是取胜。卡利克勒斯描述了一个弱者成功击败并制服强者的场景。这个例子就发生在"礼法正义"盛行的地方，正如卡利克勒斯的民主制雅典一样，在那里最强者的自然本性已然被压制，并被削弱至奴隶的状态，像被驯服的狮子（参见483b4-c6，483e4-484a2）。这一困难

---

① 参见 Jaeger,《教化》，前揭，卷二，页 138–139；Seung,《重现柏拉图》，前揭，页 6–7。

② 将 483c7–484c3 与《王制》338c1–339a4、《法义》888e4–890c8 以及修昔底德《伯罗奔半岛战争史》5.85–105 相比较。不像大多数古代的"礼俗派"，卡利克勒斯并没有完全排斥正义，而只是用"自然正义"来反对"礼法正义"。许多其他评论家已经讨论过这个差异。参见 Burnet,《希腊哲学》（*Greek Philosophy*），页 121；Friedländer,《柏拉图》，前揭，卷二，页 260–261；Taylor,《柏拉图》，前揭，页 116；Barker,《希腊政治理论》，前揭，页 71–72；Dodds,《高尔吉亚》，前揭，页 266–268；Romilly,《伯利克勒斯时期雅典的伟大智术师们》，前揭，页 120、124、158–159；Kahn,《柏拉图〈高尔吉亚〉的戏剧和辩证法》，前揭，页 99–100；Newell,《统治的热望》，前揭，页 11、16。

导致卡利克勒斯的演讲发生改变,这一改变既可视为退却,也可看作升华。因为就在这了了几行间,卡利克勒斯从论证这个世界所盛行的方式,转向漂亮地表述另一个观点。前者即世界中流行的方式建基在强者统治世界这个明显的事实上,而后者则带着类似于希望的东西,期待强者取得成功(也就是强者最终抖掉了他们的锁链,"自然正义光芒四射"之时)(484a2-b1)。① 但是这一改变暗示,卡利克勒斯对他所赞扬的真正男人的钦佩,不只是基于他们那些其实不能去指望的成功,还基于一些别的东西。[89] 与此一致,卡利克勒斯在他的讲辞中多次讲到,他所赞扬的男人不仅更有力量或更强壮,而且"更好"(参见483d1、e4,484c2)。

此外,我们有理由相信,即使卡利克勒斯眼中成为僭主的人最终打破了他们的锁链、推翻了弱者,这也不能视为对他所赞美的真正对象的最终描述。卡利克勒斯讲辞中的英雄是像薛西斯、大流士和赫拉克勒斯那样的人,他们通过强力取得自己想要的,并且强加自己的意志给弱者(尤参483d6-e4,484b1-c3)。然而在之后的对话中,卡利克勒斯却对泰米斯托克勒(Themistocles)、喀蒙(Cimon)、米太亚德(Miltiades)、伯利克勒斯以及那些不仅维护他们自己的力量,而且很好服务于民主雅典的著名雅典人(至少就卡利克勒斯的标准而言),表达了更深的赞美(参见503a2-c3,515c5-517b1)。甚至在当前的讲辞中,卡利克勒斯也从赞美暴力推翻城市转向赞美其中的政治活动。这一转变伴随着他讲辞中的关键转向:从对"礼法正义"的批评转向对哲学的批评,以及劝告苏格拉底支持更公共的生活而放弃哲

---

① 参见Dodds,《高尔吉亚》,前揭,页266-267。Dodds注释说,卡利克勒斯想象强者战胜弱者的压制时,甚至使用了"具有宗教启示意味的文字"。关于卡利克勒斯讲辞中向更"观念主义的"方向的推移,参见Kahn,《柏拉图〈高尔吉亚〉的戏剧和辩证法》,前揭,页99-100;Newell,《统治的热望》,前揭,页13;Saxonhouse,《柏拉图〈高尔吉亚〉中未明言的主题》,前揭,页157。

学（484c4-486d1）。①

　　差不多正是苏格拉底要求卡利克勒斯反驳其"情伴"的挑战，招致了卡利克勒斯对哲学的攻击（再参 482a4-b6）。苏格拉底将在稍后揭示（487a4-b6），他对卡利克勒斯足够熟悉，包括其对哲学的敌意，苏格拉底鼓励卡利克勒斯表达这种敌意。然而，在开始理解这种敌意时，我们必须充分认识到一个现实，[90]那就是卡利克勒斯并非彻底敌视哲学，以至于认为哲学完全不值得他去关注。正如苏格拉底对卡利克勒斯挺熟悉，卡利克勒斯对苏格拉底及其追求也并不陌生。他不是第一次目睹苏格拉底式的对话。卡利克勒斯有几处陈述讲到他自己观察哲学讨论的印象，其中有段话说，他曾看到苏格拉底使一个或者多个"政治家"显得很荒谬（将 484e1-3 和 482e2-483a4 放在一起来看）。此外，卡利克勒斯自己对正义的描述中，在自然和礼法间划界时也使用了哲学的区分：虽然他指责苏格拉底利用这种区分在论证中使坏，但是卡利克勒斯自己也基于这点来为"自然正义"作辩护。②然而，尽管卡利克勒斯对自然正义的观点依赖于哲学的区分，他还是表明哲学总是不能抓住这一观点的实质（参见 484c4-5）。更一般来说，他认为哲学不仅不能抓住正义的实质，还使人远离了生活中最重要的东西。卡利克勒斯宣称哲学适合用来衡量青年时代所培养的优雅和教养，但当一个人足够成熟，要转向城邦事务并完成一些既高贵又善的

---

　　① 卡利克勒对哲学的批判中所表达的高贵观，与他攻击"礼法正义"时所表达的高贵观之间的差异，最明显地体现在卡利克勒讲辞后半部分对礼法和公民生活的更高的看法。（将比如 484d2-5、486a1-3 和 483b4-c9、483e4-484a2 相比较）。Newell，《统治的热望》，前揭，页 14-15；Benardete，《道德和哲学中的修辞术》，前揭，页 64-67；以及 Saxonhouse，《柏拉图〈高尔吉亚〉中心照不宣的主题》，前揭，页 159-162 同样讨论了卡利克勒斯讲辞中的转变。

　　② 参见 Jaeger，《教化》，前揭，卷二，页 138-139；Romilly，《伯利克勒斯时期雅典的伟大智术师们》，前揭，页 155-159。

事情时，就应当抛弃哲学（484c4-485e2）。如果超出一定年纪还继续追求，哲学就不再起到教育的作用，而变成败坏的源头：

> 无论何时，如果我看见一个老家伙还在玩哲学，还没抛弃它，苏格拉底啊，对我来说这个人就需要被敲打了。因为就像我刚说的，这人呐，即使他拥有很好的天性，也会变得不像男人，因为他逃离了城邦的中心和广场，即诗人所说能让男人变得"煊赫卓然"的地方，反倒偷偷潜入剩余的生命里去讨生活，跟三四个男孩去角落里低语，却从来不歌颂任何自由、伟大或者适宜的东西。（485d1-e2）

[91] 卡利克勒斯提出以上批评，并点了苏格拉底的名字，因此这不仅仅是对哲学家整体的抱怨，而是一个更尖锐的警告。卡利克勒斯继续扩展这一警告，他告诉苏格拉底，他可耻的追求会让他远离任何值得尊敬的行为，同时也会让自己更容易受到那些想要控告和袭击他的人攻击。如果指控者决定提议判苏格拉底死刑，他也许会被搞得头晕目眩、张口结舌地走上法庭，甚至被杀（486a6-b4）。

卡利克勒斯声称对苏格拉底提出这种批评是友好的警告。卡利克勒斯顺势提及欧里庇得斯的《安提俄珀》，并将自己比作一个名叫泽托斯（Zethus）的年轻角色，此人劝告他的哥哥安菲翁（Amphion）不要将高贵的灵魂浪费在幼稚的追求上而忽略了政治（参见 485e4-486a3）。①

---

① 欧里庇得斯的《安提俄珀》已经佚失，但是根据关于这部剧的已有知识来看，学界普遍同意，其中最重要的场景描述了泽托斯和安菲翁两兄弟关于最好生活方式的争论。泽托斯赞成积极的政治生活，反对其弟弟更哲学的生活。对《安提俄珀》延展性的阅读和有益的讨论，以及它在《高尔吉亚》中的作用，请参见 Nightingale,《柏拉图的〈高尔吉亚〉和欧里庇得斯的〈安提俄珀〉》("Plato's *Gorgias* and Euripides' *Antiope*")，页 121–141。亦参 Dodds,《高尔吉亚》，前揭，页 275–276；Arieti,《柏拉图哲学式的〈安提俄珀〉》，前揭，页 200–201。

卡利克勒斯甚至公然宣称他对苏格拉底的好意（参见485e3，486a4）。他还把对苏格拉底提出死刑的人描述为"低贱和恶毒的"，以表他的同情（参见486b2-3）。然而，即便卡利克勒斯以友谊作借口（可能并不全然是惺惺作态），他攻击哲学时所表现出来的敌意甚至也比他知道的还要深。这种敌意显而易见，比如，他将哲学表述为一种败坏（484c7-8），他说一个人继续从事哲学不仅有被打的危险，甚至是该打和欠打的（485c2、d2）。当卡利克勒斯描述他观看哲人尤其是苏格拉底的体验时，他对哲学的攻击达到了最令人印象深刻的时刻（因为它最为真诚）（参见485b7-e2，486b4-d1）。

这些轻蔑和敌意的流露与卡利克勒斯对苏格拉底友好的宣称不相符合，但仍然未能完全表露卡利克勒斯对苏格拉底的敌对立场的基础。[92]如此含混的一个原因是：卡利克勒斯还有点拿不准他对哲学的这些反对的确切性质。或者这样说更好：他通过高贵性的标准来审视哲学，而这种高贵性的核心原则尚不明晰。在卡利克勒斯演讲中攻击哲学的部分，高贵性似乎在于伯利克勒斯式将自己投身于政治事务的能力和意愿，以及通过服务城邦获得伟大名誉，从而使自己免受下级的攻击。但是这种构想有一个问题或者模棱两可的地方。卡利克勒斯对参考城邦事务的积极生活的辩护，是否基于这样一种思想，即只有这种生活才能让真正的高贵行为成为可能（参见484c8-d2，485c6-e2）？或者它基于这样一种想法：只有这种生活能够给人提供安全并免受攻击（参见486a3-c3）？

卡利克勒斯的论证似乎建立在以上两个基础上，或者更精确地讲，在两者间转变。当然，这两种基础是互相关联的，因为在城邦中表现得卓越通常能带来保护自己的力量，而卡利克勒斯将自我保护作为一种使命，忽略这一使命不仅是危险的，也是可耻的。尽管如此，这两种基础却不尽相同，有时甚至会产生矛盾。毕竟，难道走在动荡斗争的前头领导城邦始终是风险最小的行动吗？比如，伯利克勒斯是否过着雅典最无害的生活？卡利克勒斯对哲学的批评缺乏彻底的明晰性或一贯性，这让我们疑惑，卡利克勒斯自己是否完全抓住了他对哲学最深层的反对。有没有可能卡利克勒斯虽然感到了一种敌意，却不能清晰表达其最深层的根源？换句话说，是否他不能在演讲中清楚表达他在直觉上意识到的某些东西？

苏格拉底对卡利克勒斯正义观点的考察（486d2–491d4）

卡利克勒斯演讲中明显可见的混乱或动摇将在他和苏格拉底的对话中通篇继续。事实上，苏格拉底接下来对话的首要目标，[93] 便是更完整和清晰地呈现卡利克勒斯信念中互相矛盾的观念，并表明其中哪种观念对卡利克勒斯至关重要。然而，这样做的时候，苏格拉底将允许卡利克勒斯对哲学的攻击暂时退回幕后。苏格拉底最初把谈话引向远离这种攻击的方向是令人惊讶的——考虑到他对卡利克勒讲话的直接反应。

苏格拉底对卡利克勒斯演讲的直接回应是表达了他的喜悦，因为他在卡利克勒斯身上找到一块可以测试他灵魂是不是金子的试金石（486d2-7）。然后苏格拉底向卡利克勒斯详细说明，他（即卡利克勒斯）具备某种品质，这种品质对适当探索真理是必要的，而这样一种探求将使得更深的探索没有必要（476e5-488b1，特别是487e6-7）：

你我之间的这种同意将最终达到真理。

换句话说，苏格拉底认为他和卡利克勒斯的对话最为重要，因为这次对话的目的在于一劳永逸地解决"人应当怎样生活"这个重大问题（尤参487e7-488a2）。但是这个说法显然有问题，因为苏格拉底表示，卡利克勒斯具备真诚地追求真理所必须的品质，但这难以让人信服。苏格拉底认为这些品质是知识、善意和坦诚。将卡利克勒斯的讲辞作为其坦诚的证据或许有道理，但是苏格拉底提供的卡利克勒斯拥有知识的证据——"你受过充分的教育，就像多数雅典人会承认的"（487b6-7）——却难以当作证据来接受，尤其当它出自苏格拉底之口时。而最无力的证据莫过于苏格拉底认为卡利克勒斯对他必定怀有好意的论证，那就是，他获知卡利克勒斯在其讲辞中向他提出的建议与卡利克勒斯及其三个朋友彼此间的劝告相同（487b7-d4）。难道人们不会出于不同的理由或动机而经常对不同的人说相同的事吗？苏格拉底对卡利克勒斯"资格"的鉴定有明显瑕疵，这让人怀疑是否该证据的真实意义同表面意义相反。也就是说，苏格拉底可能想通过他的"证据"暗示卡利克勒斯并不具备追求真理的必要品质，[94] 因此，真理将不会在他们的对话中完全显露出来。①

当苏格拉底声称他在卡利克勒斯身上找到一块试金石，它能检验他的灵魂是否是黄金的时候，就已在某种程度上暗示，他和卡利克勒斯不能在完全一致的思想中共同达至真理。毕竟，一块试金石可以用来测试金子，却不可能在这个过程中变成金子。② 然而这个类比可能有更深远的意义，能帮我们更好地理解接下来对话的特性和局限性。因为这个类比暗示，在某种意义上，卡利克勒斯的灵魂将成为他与苏格拉底对话的指导标准，特别是用来对照检验苏格拉底灵魂的标准。更准确地讲，卡利克勒斯的灵魂与其说是用于测试苏格拉底灵魂的本性，倒不如说是用于测试苏格拉底的灵魂是否被高尚地照料着

---

① 关于苏格拉底赞美卡利克勒斯时的反讽，参见 Jaeger,《教化》，前揭，卷二，页 140；Shorey,《柏拉图说了什么》，前揭，页 144；Benardete,《道德和哲学中的修辞术》，前揭，页 62；McKim,《柏拉图〈高尔吉亚〉中的羞耻与真理》，前揭，页 40；Michelini,《柏拉图〈高尔吉亚〉中的无礼与反讽》，前揭，页 56。对照 Irwin,《柏拉图的伦理学》，前揭，页 102。

② 参见 Benardete,《道德和哲学中的修辞术》，前揭，页 62、68-69。

（kalōs tetherapeusthai，486d5-6）以及是否正确地活着（orthōs...zōsēs，487a1-2）。因为苏格拉底的灵魂迄今所获得的照料全都由哲学提供，同时他的灵魂所过的生活也是哲学式的，因此我们可以这样理解上述说法，即接下来，哲学和哲学生活某种程度上将被带到卡利克勒斯的灵魂及其关注这块试金石那里接受检验。

但是卡利克勒斯不是已经给出理由，让我们相信这个测验可能会失败吗？或者是否是苏格拉底乐观地认为这个测试会通过，而且，倘若照着哲学生活之所是而非它在卡利克勒斯的攻击下呈现的样子来看待，它就会显得如金子一样？这些想法让我们此刻期待苏格拉底对哲学生活发起辩护，以回应卡利克勒斯的攻击。[95]苏格拉底表明他和卡利克勒斯之间真正的分歧在于人应该如何生活，尤其在于苏格拉底生活方式的善这一问题，又进一步鼓励了我们的这种期待（参见487e7-488a2）。

虽然苏格拉底鼓励了我们的期待，让我们以为他将对自己的生活方式作出辩护，但是他并没有立刻实现我们这样的期望。我们已经注意到，他没有当即转向对哲学的辩护，而是对卡利克勒斯的观点进行更深入的考察。不仅如此，他没有像他再一次暂时鼓励我们去期待的那样，转向考察卡利克勒斯立场中直言不讳反对哲学生活而支持另一种不同生活的这一方面（参见488a2-b1），而是转而考察卡利克勒斯的正义观（参见488b2-6）。苏格拉底此处的步骤有些奇怪，因为他首先指出他同卡利克勒斯争论核心处的、他称之为"最高尚"的问题，然后却又转向看起来比较次要的东西。① 但考虑以下几点，也许能解释这种奇怪的步骤。

首先，如果卡利克勒斯的灵魂是用来对照检测哲学的试金石，那

---

① 对比苏格拉底在《申辩》中回应对他生活相似的反对时所采取的更为直接的步骤（28b3-31c3）。

么我们就有必要充分理解他的灵魂和他所关心的一切。或许苏格拉底认为我们能最好理解卡利克勒斯灵魂关注点的方法，是从卡利克勒斯的道德观而非他对哲学的攻击开始。的确，卡利克勒斯的讲辞已经让我们有理由相信，他的道德观及其对哲学的敌意有关联。此外，有了这个关联，苏格拉底的这一步或许一方面在揭露卡利克勒斯对哲学敌意的程度上有了更明显的好处，另一方面又能让敌意的目标隐藏在幕后。最后，因为这个目标始终会浮到讨论的台面上，所以苏格拉底也确保了哲学会紧随他对卡利克勒斯道德观的考察结果归来。至于考察的结果，我们将看到，不仅会对卡利克勒斯所关心之事提供更好的理解，也会更明确地揭示出其关心的内容。

卡利克勒斯在对正义的描述中，留给我们一连串尚未解决的问题，包括他所关注之事或其信念的真正特性。而苏格拉底则以一系列的问题开始了对卡利克勒斯的检验，这些问题返回到卡利克勒斯讲辞中已然可见却尚未完全解决的紧张或模糊之处。①

这些问题中的第一个回到了卡利克勒斯的主张：自然正义在于更优越者强加其意志在更低劣者身上。卡利克勒斯是否意在宣称，所谓更优越（superiority）的人无非是更有力的（greater strength）？苏格拉底说他对此感到困惑：当谈及配享"更好"称号的男人时，卡利克

---

① 苏格拉底认为理解卡利克勒斯关注点的最好方法，是从他的道德观开始，这种说法的佐证或许就是，苏格拉底正是从那些道德观开始他的检验的。作为考察卡利克勒斯正义观点的开篇问题的序言，苏格拉底劝说卡利克勒斯"请为我重新从头开始"（ex arches, 488b2）。虽然此言显然涉及卡利克勒斯讲辞早期对自然正义的描述，但是苏格拉底也可能意在暗示，卡利克勒斯讲辞的顺序在某种意义上精确反应了他所关注之事的真正顺序。也就是说，苏格拉底所说的"头"可能既是指卡利克勒斯讲辞的开篇，也是指更深层意义上的对卡利克勒斯本人而言的开始。

勒斯是什么意思？或者，他在暗示这些人是以力量之外的标准来区分的吗？因为卡利克勒斯演说中的这一要点总是摇摆不定，所以苏格拉底坚决要求卡利克勒斯"更清晰地定义"他是否简单地将更优越和更有力等同起来（488b8-d3）。

然而，苏格拉底以这种方式表达其要求，表明他确信卡利克勒斯会首先采用将优越降格为纯粹力量的立场。正如苏格拉底指出的，接受另一选择将意味着接受有些更好的人更无力及有些更强健的人更邪恶这一可能性（尤参488c7-8）。苏格拉底提醒卡利克勒斯注意这层含义，[97] 是为了迫使卡利克勒斯面对一种可能性——善和成功之间有差异。或者，换言之，是为了让他直面真正配得的人并不总在世界中获胜这个可能性。虽然卡利克勒斯最终被迫在他的演讲中承认这一情形，但他仍然尽力否认其存在。他在此处也通过主张优越不过是强有力这一立场，来极力否认（488d4）。

然而这个方向上也潜藏着一个问题，这点苏格拉底稍后会说清楚。在鼓励卡利克勒斯把优越等同于有力之后，苏格拉底辩驳说，这个观点让卡利克勒斯在自然正义和礼法正义间的划分失效了，至少在某些情况下，被卡利克勒斯轻视的民主正义甚至被证明是有道理的。苏格拉底解释说，如果更优越无非是更有力，那么那些单个十分乏力但联合起来却比任何个体更强健的人，就会被认为是优越的。如果优越者据以征服低劣者的礼法和声明是依凭自然的高尚和正义，那么这难道不意味着当多数人取胜时，他们的礼法和声明凭自然就是高尚和正义的（488d5-e5）？但是多数人相信，每个人都拥有平等的份额，以及行不义比遭受不义更可耻，这才是正义（488e7-489a6）。由此似乎可以得出：这些之所以为正义的原则是依凭自然，而不仅是依凭礼法（489e8-b6）。

我们有理由怀疑苏格拉底的论证是否在为多数人及其民主正义观作辩护。其中一个理由是，苏格拉底论证的成功，只是因为他把卡利克勒斯并不重视的观点强加进去,这个观点就是:不仅优越者旅行统治与自然正义一致,而且他们制定的礼法,甚至他们所持有的信念也都和自然正义一致。① 但是苏格拉底论证中更困难的一点,[98]涉及它表面上据以支持民主正义的根据或基础。虽然苏格拉底的论证最初好像是在为正义的民主化理解作辩护,但是该辩护的基础却没有哪个民主正义的支持者会甘愿接受。如果为民主或者其他正义的观点正名时仅仅简单依赖于谁获胜,这难道不正是将正义降格为粗鲁的原则"强权即公理"吗?当然,苏格拉底有一个好借口来追踪这条论证路线,因为他只是要弄清楚卡利克勒斯自身论证中某一思想的涵义,这种思想认为,自然本身通过强者的成功昭示了关于正义的真理(参见483c9-e1,488c3-7)。因此苏格拉底很正当地指出,既然这一思想是卡利克勒斯的立场的基础,那他至少应直面事实——"多数人通常统治少数人"。

但是,卡利克勒斯在演讲中总是表现出意识到了这点,而且很显然,他并非真正简单地将强力或更有力同更优越画等号,至少并非在演讲的每一部分都如此。此外,当卡利克勒斯最后否认苏格拉底的论证结论,并收回优越者仅仅只是拥有强力这一观点时,苏格拉底也承认他自始至终都知道这并非卡利克勒斯内心最深处的想法(489c1-d5)。苏格拉底对卡利克勒斯刺激性的论证迫使卡利克勒斯进一步表述

---

① 卡利克勒斯并没有提到任何由优越者制定的礼法,至少没有提到由他所赞美的、作为一个群体的优越者——与他所批评的那个群体相对——所制定的礼法(参考483b4-7、c7-9、e4-5,484b5)。即使把他们的礼法正义理解为优越者统治是正义的这一观点的题中之义,从他们的礼法再推及他们的信仰,认为二者都正义,这也是成问题的。苏格拉底表面上露痕迹地从使用名词 nomous("礼法",488d6)和 nomima(合法的惯例,488d9、e4)转向使用动词 nomizousin("相信",488e7,489a2),从而掩盖了作如此进一步扩展的可疑性。参见 Santas,《苏格拉底》,前揭,页 263-264。

其观点,其中尤其让他避免将优越单单等同于有力,或者将美德降格为成功。苏格拉底希望卡利克勒斯展现更多他立场中或他所相信的另一面,那一面将善看作比区区力量更高的某种东西(尤其参考489d1-3)。①

卡利克勒斯坚持说,他从不认为所谓优越者只具备单一的身体力量,以此来回应苏格拉底的论证。比起用力量来定义优越,他更主张"真正的力量必须由优越来定义"(参见489c1-7)。但是,他又难以明确表达,除身体的力量外,优越还由什么构成。针对苏格拉底的问题,即哪些是他(卡利克勒斯)视作"更好的人",卡利克勒斯最初能为此拼凑的唯一答案完全不能说明问题,相当于说"更好的就是更好的"(参见489e3-5)。② 苏格拉底则提出更好和更强是否意味着更明智(卡利克勒斯早期欣然接受的观点),以此逼迫卡利克勒斯明晰自己的观点(489e6-9)。在接受苏格拉底的建议之后,并没有其他任何提示,卡利克勒斯继续说,他认为不仅有明智还有勇气(491a7-b3)。③ 卡利

---

① 参见 Shorey,《柏拉图说了什么》,前揭,页 144–145;Friedländer,《柏拉图》,前揭,卷二,页 262;Klosko,《柏拉图〈高尔吉亚〉中对卡利克勒斯的反驳》("The Refutation of Callicles in Plato's *Gorgias*"),页 127;Kahn,《柏拉图〈高尔吉亚〉的戏剧和辩证法》,前揭,页 99–100。对照《法义》625c9–627c2。

② 另一方面,这也的确揭露了某些东西,比如卡利克勒斯并不完全明白他所认为的"更好"的人是谁,也不明白他认为的美德由什么构成。参见 Nichols,《柏拉图〈高尔吉亚〉中正义的修辞术》,前揭,页 143:"卡利克勒斯立场中最薄弱的一点是:他不能清晰而连贯地明确表达优越由什么构成,尽管他可能凭直觉发现了。"Nichols 还说卡利克勒斯"不能清楚描述更高贵和更高要求的目标,尽管他在某种程度上被吸引向这些目标"。

③ 当卡利克勒斯在 490a7 的陈述中说到"更好和更明智"时,他就为 491a7–b3 处添加"勇气"做好了准备。在这句更早的陈述中,我们可以看到在卡利克勒斯眼里,明智并不是优越者的全部。

克勒斯在明智之外加上勇气，然而在这之前，苏格拉底利用卡利克勒斯赞同配得统治的优越之人也是更明智之人这一机会，开启了一条新的提问路线。

在检验卡利克勒斯正义观的第二阶段，苏格拉底并没有挑战"作为更明智术师的真正优越之人应该拥有统治权"这一点。他对此表示同意，并反过来询问明智之人的统治有什么特点，尤其是他们是否应该利用职权为自己攫取更多。苏格拉底给出一些例子（490b1-e8）。其中第一个是医生，他属于那种需要为人分配适当食物和饮料的人。[100] 鉴于医生更明智，那么他自己就应该享用更多的食物和水吗？还是说，他应该利用其优越的明智，去分配与每个人需求相匹配的食物和水，同时只给自己留下其身体所需的那部分呢？苏格拉底的其他例子同样关乎技艺。最了解纺织工作的纺织工就应该裹着最大最美的大衣走来走去吗？鞋匠就应该拥有最大的鞋并穿着比其他人更多的鞋踱来踱去吗？精通耕作的农民就应该拥有最多种子，并在他的土地上播种尽可能多的种子吗？

当然，苏格拉底在此提出的一连串问题都是为了挑衅；他也成功挑起了卡利克勒斯的怒火，卡利克勒斯在苏格拉底举例的过程中变得愈来愈生气（卡利克勒斯的反应，参见 490c8-d1、d6、d10、e4、490e9-491a3）。① 但是，如果苏格拉底打算激起他的愤怒，那么他这样做的目的是什么呢？卡利克勒斯的愤怒又揭示了什么？表面上看，卡利克勒斯是认为苏格拉底的问题荒诞可笑，与他们所讨论的尊贵的问题不相配。但这多少揭示了卡利克勒斯如何看待目前的问题。毕竟，从某种视角来看，苏格拉底明显可笑的问题十分合理：为什么有人想得到超过他身体所需的食物，或者比他的脚大很多的鞋？这种过

---

① 关于卡利克勒斯此处的愤怒，对照 Newell，《统治的热望》，前揭，页 19–20。

度难道不就等于"付罚金"吗（参见490c4）？苏格拉底在他的提问中，用明智的工匠的眼睛来审查人类的需求，表达出一种与工匠眼光一致的关于正义和有用的观点。但是在卡利克勒斯看来，以这种方式接近"正义"和"有用"问题，就像通过低级可笑的泥潭去企及高尚而严肃的事物。惹恼他的不仅是苏格拉底愚蠢的问题，还有这些问题对值得尊敬之事的嘲笑，也就是他最敬仰之人所追寻和应得的真正的善这一问题。虽然卡利克勒斯不能非常明确地表述这些人是谁，以及那种善是什么，但他在某种意义上通过清楚果断地说明他所想的不是什么，[101]表达了他心中之所感：

> 你，苏格拉底，讲的食物、饮料、医生以及乱七八糟的，都不是我想说的……凭诸神起誓，你总是不停地说鞋匠、纺织工、厨师和医生，好像我们讨论的是这些人一样！（490c8-d1，491a1-3）

然而，卡利克勒斯试图给出的不仅仅是他信念的消极表述。事实上，苏格拉底的论证，加上某些进一步的刺激（参见491a4-6），都促使卡利克勒斯要发表他最重要的陈述之一，这个陈述关乎他所仰慕的那种美德：

> 首先，所谓强者，我并不是指鞋匠或者厨师，而是那些在城邦事务上明智的人，而且在城邦事务上有所决断使其得到良好管理的人——他们不仅明智，而且勇敢，他们有能力完成预期，不会因灵魂的软弱而退缩。（491a7-b4）

卡利克勒斯声称，正是这些在城邦事务上明智且勇敢的人，他们应该统治城邦并比其他人拥有更多（491c6-d3）。卡利克勒斯在此添上勇气，并暗示他所崇敬的明智指向治理好"城邦事务"，这些都是他迄今所说的内容中极具启示性的。我们在这里能特别清楚地看到，卡利克勒斯并不单单是一个正义和美德的批评者，相反他相信一种基于某种美德观的正义。苏格拉底提醒卡利克勒斯注意他对勇气的添加，并要求他重复其当下持有的立场，以此来强调卡利克勒斯刚刚所揭示内容的重要性（参见491b5-c5）。①

然而，尽管苏格拉底提醒我们注意有关卡利克勒斯的观点迄今所揭示出来的东西，但是他却以令人惊奇的方式对这个进展给出了回应。[102]卡利克勒斯一给出关于正义最直接和袒露的陈述，声称他现在所定义的优越之人理应统治城邦并理应比他人获得更多，苏格拉底就突然将讨论转离正义。他没有继续从事对卡利克勒斯正义观的尚未完成的考察，而是询问卡利克勒斯，他所理解的强者是否应该统治他们自己，也就是统治他们自己的快乐和欲望（491d4-e1）。苏格拉底就此将他的主题从正义转向了节制和自制。

节制与无节制，以及快乐主义的问题（491d4–499d8）

苏格拉底此处的步骤是他与卡利克勒斯整个对话中最令人困惑的部分之一。② 为什么苏格拉底开始了对正义的检验却又迅速中断，转

---

① Newell，《统治的热望》，前揭，页20；Nichols，《柏拉图〈高尔吉亚〉中正义的修辞术》，前揭，页143；Kahn，《柏拉图〈高尔吉亚〉的戏剧和辩证法》，前揭，页102等也强调了此刻的重要意义。至于卡利克勒斯的明智的领导者理当关注"城邦事务"被"治理得好"这一观点的特征，请对照《普罗塔戈拉》319a1-2。

② 关于苏格拉底突然改变话题的讨论，参见 Kahn，《柏拉图〈高尔吉亚〉的戏剧和辩证法》，前揭，页102–103；Klosko，《柏拉图〈高尔吉亚〉中对卡利克勒斯的反驳》，前揭，页127；Gentzler，《〈高尔吉亚〉中对卡利克勒斯智术师式的盘问》（"The Sophistic Cross–Examination of Callicles in the *Gorgias*"），页36。

而讨论节制和自制？这个转向更令人费解之处在于，它恰恰发生在卡利克勒斯对正义的理解比以往都更清晰的时刻。为什么不通过挑战卡利克勒斯的正义观来进一步探索正义问题，尽快去看看卡利克勒斯是否真的知道正义是什么？如何解释苏格拉底唐突且令人费解地转离正义问题这一做法呢？

与其试图在此刻回答这个问题，不如暂且将其放下。因为我们还需要对卡利克勒斯的信念有更多的理解，而且我们也需要看看，苏格拉底转离正义问题后会把对话引至何处。苏格拉底刚一转离正义，他的问题"优越者是否是自己的统治者"就造成了一个直接影响，激起了卡利克勒斯长久且热烈的情绪大爆发。[103]虽然卡利克勒斯花了一些时间来理解苏格拉底的问题（参见491d4-10），但他一经领会苏格拉底"就像多数人一样"，在说节制和自制，或者说在说统治一个人的快乐和欲望（参见491d11-e1），就立刻作出回应，表达了他对那些在他看来是苏格拉底天真和愚蠢的东西的轻蔑。这是自卡利克勒斯开篇讲辞以来最大的情绪爆发，他攻击各种类型的克制，赞扬了自由和强烈情感的放纵。

我们在卡利克勒斯的爆发中看到，他几乎没有关心或者意识到苏格拉底已经转离了正义主题。他攻击节制和正义，将它们视作与他藐视的克制同类。卡利克勒斯告诉苏格拉底，他将要"直言不讳地"陈述，他声称，正义和节制不过是弱者的说辞，目的是掩藏弱者难以满足自己欲望的无能，同时防止强者以牺牲弱者为代价来满足自己的欲望（492a3-b8）。那些强大到足以打破弱者虚伪借口并获得自由的人，应该释放他们自己。卡利克勒斯认为，这些人如果克制自己，就会过着非常可怜的生活，因为真正的美德和幸福要求使欲望充分膨胀，并要求人们运用勇气和明智获取自己想要的东西（491e6- 492a3，492c3-8）：

> 我现在坦率地跟你讲，依凭自然，这是高贵和正义的：要正确生活的人，必须要让自己的种种欲望尽量变得最大，不要抑制。当它们足够强大时，必须用勇敢和明智伺候它们，并且用任一既定时间欲望所为之产生的那些东西填满它们……说实话，苏格拉底噢，这就是你号称追求的东西吧：骄奢、放纵和自由——如果它们有所支撑——那就是美德和幸福；但是其他东西，美化的装饰，人们超自然的契约，这些都是胡说八道且毫无价值。

令人惊奇的是，尽管卡利克勒斯为释放情感和放纵欲望辩护，他仍继续谈论美德，[104]并将他所赞扬的生活描述为最有道德的。① 不过，尽管他继续讲美德，他在讲辞中却表现出一种极端的动向，远离了任何对美德特性的一般或传统的理解。卡利克勒斯赞美强烈的快乐，将其视为真正优越者的生活目标，他甚至明确表示，诸如勇气和明智这样的美德是满足最大欲望的手段。卡利克勒斯演讲中标榜的"直言不讳"尤其体现在他对这些极端观点的公开表达上，这些观点至少是他想法的一个方面，或他被强烈吸引而去的一个方向。根据这种观点，一个有足够才能的人应该容许他自己的欲望尽可能地变大，并倾其一生疯狂地沉湎其中。苏格拉底认为这个观点不仅是卡利克勒斯，也是很多其他人所倾向的观点：卡利克勒斯清楚地说出了"其他人"所想但不愿说的话（492d1-3）。②

---

① Grote，《柏拉图和其他苏格拉底追随者》，前揭，卷二，页344；Newell，《统治的热望》，前揭，页21–22。

② 苏格拉底在492d2所说的"其他人"可能只涉及高尔吉亚和珀洛斯，因为他们不愿明说卡利克勒斯在讲辞中表达的观点。但是苏格拉底的话同样允许更广义的解读，492d3使用的现在时态暗示了这种解读: dianoountai men legein de ethelousin。关于这点请参考《法义》660d11–662a8。

在赞美了卡利克勒斯的坦率后,苏格拉底转向对他讲辞的回应。然而,这样做等于将卡利克勒斯对正义的批评搁置一旁,仅仅来回应卡利克勒斯对自制的拒绝和对无节制的赞扬。苏格拉底因此完成了由早前关于优越者的自我统治问题所开始的转向。不论卡利克勒斯是否意识到这个事态的发展,反正苏格拉底现在已经将正义的问题放在一边了。随后的讨论有两个主题:节制与无节制之间的竞争,以及快乐主义的问题。两个主题之间有明显的联系,但也有微妙的差异,因为反对无节制地追求快乐,与反对快乐是唯一值得追求的善这一观念,两者并非完全相同。① 然而,节制很容易基于明智或实用为自己的辩护,这再简单不过了,因为节制能让人避免由无节制带来的不必要的伤害与痛苦。如其所示,苏格拉底继续给出的正是这样一个关于节制的辩护:他向卡利克勒斯展现了两幅无节制的生活场景,即不断费力装满一个漏罐或一组罐子(492e7-494a5)。

相比之下,苏格拉底反驳快乐主义的论证克服了对实用主义的考虑,而诉诸羞耻感和高贵性。重要的是,苏格拉底正是在后者上取得了对卡利克勒斯的更大突破。因为事实证明,比起拒绝节制,卡利克勒斯更不能忍受假装自己对高贵性漠不关心。由于苏格拉底对快乐主义的批评比他对节制的辩护更有成效,所以我们需要在细节上检视这个批评。然而,在此之前,我们至少应该简要考察苏格拉底对节制的辩护,并思考它为什么没那么成功。

苏格拉底对节制的辩护以一个神秘的陈述开始:也许欧里庇得斯说"谁知道是否生也是死,死也是生?"时说出了事实,因为或许事实上我们已经死了(492e8-493a1)。苏格拉底又补充说,他曾

---

① 参考 Gentzler,《〈高尔吉亚〉中对卡利克勒斯智术师式的盘问》,前揭,页 37–38;Klosko,《柏拉图〈高尔吉亚〉中对卡利克勒斯的反驳》,前揭,页 128–134。

听一个智慧的人说,我们现在已经死了,吾身即吾坟,此时他的意思就变得更加清晰起来(493a1-3)。① 简而言之,苏格拉底对节制的辩护开始于这样一个假设:我们现在所经历的生命不是我们唯一或者甚至最真实的生命,有朝一日我们的灵魂逃离了身体,我们还将继续活着,甚至能活得更好。更精确地说,这是苏格拉底为节制而辩护的第一部分的前提,如前所述,这个辩护由两个场景组成。虽然这两个场景都使用罐子的类比而显得十分相像,但最重要的差别在于,[106]第一个场景依赖于对来世的解释,第二个则没有超出这个世界。

第一个场景对来世生活的解释并不源自苏格拉底,而是源自"某个聪明的讲述神话的人,也许是西西里人或者是意大利人"(493a5-6)。根据这个人的描述——该描述似乎是他因喜爱文字游戏而创造出来的——灵魂中欲望所居的那部分由于可说服(pithanon)且能说服(peistikon),应该称为罐子(pithon);无心者(anoētous)应该称为未入门者(amuētous);在未入门者灵魂里的"罐子"应该视为有孔或有漏洞的,因为他的欲望放纵且不知足(493a6-b3)。如果这些已暗示无心者或未入门者即使在世的时候都要忍受无节制带来的痛苦,那么,神话讲述者的描述的核心则进一步暗示未入门者在冥府将更加可悲,因为他们不得不用其他有漏洞的东西运水到有漏洞的罐子里去。这些其他有漏洞的东西是筛子,正如苏格拉底从向他解释这一描述的人那里所听到的,筛子代表作为一个个整体的人的灵魂,或者至少是无心者的灵魂,这些灵魂出于不可靠和健忘而不能留住任何事情

---

① 在希腊文中,"身体"(sōma)与"坟墓"(sēma)这两个单词非常相似。把这两个词放在一起用的这句谚语可能起源于毕达哥拉斯或者赫拉克利特,参见 Dodds,《高尔吉亚》,前揭,页 298–300。

（493b3-c3）。①

[107] 苏格拉底描绘了在冥府中受苦的灵魂之后，他也承认这些事确实有些"离谱"（493c4-5；atopa 也意味着"荒谬"）。尽管如此，苏格拉底还是问卡利克勒斯有没有被这个场景说服，从而改变他的意见并接受"有秩序比放纵更快乐"的观点（493c7-d2）。"或者即使我叙述很多其他此类故事，你仍然不会改变丝毫立场？"（493d2-3）。毫无悬念，卡利克勒斯选择了后者，他宣称自己并没有被说服。实际上，卡利克勒斯的回复完全是可预见的，因此苏格拉底在询问卡利克勒斯是否信服时不可能有其他目的，而仅仅是想提醒人注意，他所给出的那样一个形象绝对不可能说服卡利克勒斯。毕竟，苏格拉底自己也将这个场景称为一个神话，而且其陈述包含了极大成分的玩笑或显而易见的荒谬。但是在这个玩笑背后有严肃的目的，因为它至少提出了重要的问题：苏格拉底是否在严肃地传达对来世的描述，卡利克勒斯是

---

① 苏格拉底的描述有很多令人疑惑的特征，尤其当我们尝试把各部分放在一起时。比如，将灵魂比作把水运到罐子里的筛子，而罐子自身也被当作灵魂的一部分。那么"筛子"可以看作不同意义上的灵魂或者与"罐子"不同面相的灵魂吗？应该怎样解释甚至在灵魂离开身体以后，灵魂中的欲望也依旧保持（不会改变）？还有苏格拉底的材料来源问题，从欧里庇得斯，到一个匿名的智术师，再到"一个聪明的神话讲述者"，匿名的智慧之人向苏格拉底解释了他的叙述（故事就是这样的）（这些来源，参见 Dodds,《高尔吉亚》，前揭，页 297–300）。且不尝试解决由这个拼接的描述所抛出的各种谜团（比如，这个智慧之人对神话原本意义的解释是否正确），让我们先来看看苏格拉底从中（即暗示无心者在欲望上比有心者更加贪得无厌，因此无心者的灵魂在某种意义上更加浮躁和易被劝服）传递的重要思想可能是什么意思。据苏格拉底口中那位不知名的智慧之人提供的解释所传达的信息，无心者的灵魂似乎应该受灵魂中欲望所居的部分来支配，而且，或许正因为如此，它们不那么可靠，更容易来回改变，而且更健忘。然而，从当前文段并不能得出这种说法的完整意义，最多只能看出一些撩人兴味的暗示。

否严肃地接受了这一描述？此外，如果卡利克勒斯没有被苏格拉底说服的最根本理由是他很难相信来世，那么这能够帮助我们理解，是什么促使他倾向一种无节制快乐的生活吗？

如果卡利克勒斯因为不接受第一个场景所依据的前提而没能被其说服，那么苏格拉底的第二个场景至少避免了这个问题。用苏格拉底的话来说，第二个场景与第一个场景都"来自相同的学派"（493d5-6），并因其使用了罐子的类比而和前一个场景类似。但是第二个场景并不包含冥府。[108]它是基于对现世生活更简单的考虑。苏格拉底要求卡利克勒斯想象两个人的生活，他们都有很多罐子，这些罐子装着酒、蜂蜜、牛奶以及其他稀罕但通过努力能获得的物品。苏格拉底说道，以其中一人为例，卡利克勒斯可以想象那个人的罐子严实且装满食物，因而他无需花费更多努力向他的罐子搬运供给品，"就凭这些他就可以休息了"（493e3-6）。至于另一个人，虽然他的罐子也能被填满，但罐子已经穿孔且残缺，因此他不得不夜以继日去装满他的罐子，以免遭受极大的痛苦（493e6-494a1）。"这就是他们各自的生活，"苏格拉底问卡利克勒斯，

> 难道你还会讲放纵者的生活比有序者的生活更快乐吗？我说这些，是在劝你承认有序的生活比放纵的生活更好，或者说我并没有说服你？（494a2-5）

苏格拉底再次谈及他为说服卡利克勒斯而作的努力，也再次提醒我们注意这种努力可预见的失败。苏格拉底的第二个场景虽然没有基于对卡利克勒斯来说不可置信的前提，但仍然只提供了一个避免自我放纵的实用主义理由。而且苏格拉底确信卡利克勒斯会拒绝第二个场景中提出的建议，因为苏格拉底没有给出好的理由去质疑"人应该为快乐而活"这个观点，卡利克勒斯可以在快乐主义的层面上对苏格拉

底的场景报以强有力的回应。① 卡利克勒斯解释自己没被说服的原因：停下来的这个人的生活满足于装满的罐子，虽然能够免于痛苦，但却像个石头一样没有快乐，"但是为了生活得快乐，就要尽可能保持多的东西流入罐子"（494a6-b2）。

卡利克勒斯宣称快乐的生活需要保持尽可能多的东西流入罐子，也就是说，比起先前扩大和满足欲望的"直言不讳"的陈述，他现在采取的立场更接近盲目的快乐主义。或许苏格拉底呈现卡利克勒斯强烈反对的禁欲主义的自制景象，就是打算把卡利克勒斯推向不加选择的快乐主义这个方向。[109] 实际上，苏格拉底此刻往卡利克勒斯的解释里混入了自己的立场——"快乐不仅应该无节制、还应该盲目地被追求"，也就是说，某人在判断各种各样的快乐，以及区分好的快乐和坏的快乐时，不必考虑任何更高的标准（尤参 494e9-495a4）。

苏格拉底将接下来的批判瞄准快乐主义，同时确保他所批评的快乐主义是最低的一类，从而将对话从节制转向了快乐主义的问题（参考 495b2-6）。② 苏格拉底能够做到这些，是因为卡利克勒斯认为他必须为盲目追求快乐作辩护，以便保持他立场的一贯性（参见 495a2-

---

① 参见 Newell，《统治的热望》，前揭，页 23-24。
② 苏格拉底在最初回应卡利克勒斯关于放纵欲望的演讲时，就为此早早作了铺垫："告诉我，你是否坚持如果一个人要成为他想成为的样子，就不应该压抑自己的欲望，而要让它们尽可能地变得最大，且无论如何都要满足它们，这就是美德？"（492d5-e1）虽然卡利克勒斯对此没有异议，但苏格拉底的表述把他推向了一个他在讲辞中并没有肯定的观点。事实上，当卡利克勒斯在赞扬欲望的放纵时，他心中可能就有了一些具体的欲望（最强烈的）以及具体的获得满足的源头（最吸引人的）。请参考 Nussbaum，《善的脆弱性》（*The Fragility of Goodness*），页 144 [译注：中译本见《善的脆弱性》，徐向东译，译林出版社，2007]；Newell，《统治的热望》，前揭，页 23。

6)。① 但是我们甚至能从简短的交流,比如从苏格拉底引导卡利克勒斯接受"快乐和善相同""没有快乐也就没有善"等观点中看到,卡利克勒斯的心思并不全然放在对该观点的辩护上。他一边自己强调接受这个观点是为了保持前后一致,一边又展现出与彻底的快乐主义不相容的羞愧感。

[110] 苏格拉底所提供的最大快乐追求者的可耻事例惹恼了卡利克勒斯,这个例子中的人不断让快乐流进流出。苏格拉底的三个例子,关于当是或者应是始终如一且彻底的快乐主义的英雄,一个其实是一种叫做石鸻的鸟,它们同时进食和排泄(494b6-7);还有一个是终其一生都在挠自己,从未十分正经地去限制自己挠头的人(494c6-e1)。而"此类事物的顶点"是娈童(494e3-4)。即便在讨论这些话题时,卡利克勒斯的羞耻感也让他对"抛弃除快乐以外的所有标准"表露出保留(这种羞耻感苏格拉底显然不具备)。② 尽管如此,卡利克勒斯

---

① Gentzler,《〈高尔吉亚〉中对卡利克勒斯智术师式的盘问》,前揭,页36–38 和 Klosko,《柏拉图〈高尔吉亚〉中对卡利克勒斯的反驳》,前揭,页128–134 都指出,对于不节制的辩护其实并无必要引入不加限制的快乐主义。针对苏格拉底设计使卡利克勒斯为不加选择的快乐主义作辩护,Gentzler 提供了有益的讨论。她的论点应该与 Irwin,《柏拉图的道德理论》,前揭,页 120、124–125,《柏拉图的伦理学》,前揭,页 104–106 作对比。亦参 Kahn,《柏拉图〈高尔吉亚〉的戏剧和辩证法》,前揭,页 103–104;Newell,《统治的热望》,前揭,页 24。

② Klosko,《柏拉图〈高尔吉亚〉中对卡利克勒斯的反驳》,前揭,页 136 声称"卡利克勒斯没有羞耻感",这是错的。亦参 Barker,《希腊政治理论》,前揭,页 139:"卡利克勒斯……愿意极尽坦诚地推广快乐主义的'福音'"。注意到卡利克勒斯羞耻感的有 Olympiodorus,《柏拉图〈高尔吉亚〉评注》(*Commentary on Plato's* Gorgias),第 30 讲;Friedländer,《柏拉图》,前揭,卷二,页 263;Kahn,《柏拉图〈高尔吉亚〉的戏剧和辩证法》,前揭,页 105–106,《柏拉图和苏格拉底式对话》,前揭,页 136–142;Newell,《统治的热望》,前揭,页 24–26。McKim,《柏拉图〈高尔吉亚〉中的羞耻与真理》,前揭,页 34–48 在描写卡利克勒斯羞耻感时权重最大。

还是准备开始为快乐主义作辩护，苏格拉底也准备对快乐主义进行反驳，好像这是卡利克勒斯真正持有的观点一样（参见 495b3-c3）。

然而在这之前，苏格拉底停下来做了第二次简短交流，从而结束了批评快乐主义的准备工作。这个交流甚至比先前苏格拉底引导卡利克勒斯为盲目的快乐主义作辩护时更简短，苏格拉底要求卡利克勒斯在开始反驳之前澄清自己的立场。但是除了提醒我们注意卡利克勒斯所接受的观点，苏格拉底还做了一些事。比如，他就卡利克勒斯对美德的理解表达了看法。他问卡利克勒斯，是否认为有像知识这样的东西；或除了知识，是否有勇气这样的东西；或许更重要的是，是否认为勇气和知识是不同的东西（495c3-7）。卡利克勒斯肯定地回答了以上所有的问题，[111]且在回应最后一个问题时尤为确信，即认为勇气不能化约为知识（参见 495c7 处的 sphodra ge）。苏格拉底随后说服卡利克勒斯同意，因为知识和勇气各自都不同于快乐，同时他又主张快乐是善的，由于他必须同意知识和勇气互不相同且不同于善（495c8-d7）。

卡利克勒斯接受了所有这些步骤，并将以上概述的观点作为自己的，来等待苏格拉底对快乐主义进行反驳。然而苏格拉底在其交流最后的陈述中暗示，卡利克勒斯在此呈现的观点不能看作是他最后的结论。苏格拉底说，卡利克勒斯并不是真正持有这个观点，"当他正确观照自己时"（495e1-2）。我们从上文推断，苏格拉底想借此表达的是，当卡利克勒斯思考他对知识的赞美以及对勇气这一形式（它既不同于知识也不同于快乐）更深的赞美暗示了什么时，他就会发现他所相信的是一种超越纯粹快乐的善。而事实证明，苏格拉底对快乐主义的反驳，与其说是对快乐主义进行反驳，还不如说是在揭示卡利克勒斯在这个简短交流中已然同意的东西。

苏格拉底回到卡利克勒斯对知识的赞美上，并尤其关注对勇气的赞美，后者是构成其快乐主义批评的两个主要论证中的第二个。他的第一个论证是同善的特性相关。苏格拉底开始了论证，他问卡利克勒斯是否相信那些做得好的人与做得坏的人已经遭遇了相反的经验（495e2-4）。卡利克勒斯说他相信确实如此。之后，苏格拉底则将做得好和做得坏、快乐和痛苦以及其他对立物作比较，他争辩说，这些对立物从不一起出现，也不同时消失。苏格拉底给出的例子是健康和疾病、强壮和虚弱，还有迅速和缓慢。作为相互对立之物，它们其中的每一对都不能共存，也不可能同时分离（495e6-496b4）。就像快乐和痛苦、[112] 好和坏一样，它们不能共存，对于人类来说也不可能同时拥有或者失去它们（496b5-c3）。苏格拉底说服卡利克勒斯同意好和坏必定有这种特性后，马上就开始论证快乐与痛苦间具有不同的关系。快乐和痛苦必然相连，因为任何特定的快乐都取决于特定的痛苦经验，并且总是与痛苦一起经历。比如，吃和喝的快乐取决于饥饿和口渴的苦楚，而且这些快乐只存留于痛苦尚未完全消失时（496c6-e8）。苏格拉底认为，对食物和饮料真实的苦恼欲望，也适用于其他所有欲望和快乐，因为"所有缺失和欲望都是苦恼的"（496d4；亦参497c6-8）。

苏格拉底的论证表面上打算表明快乐不可能是善，因为它缺乏善那纯粹无杂的特性（参见 496e9-497a5，497c6-d7）。但这个论证并不是很有力的对快乐主义的反驳。首先，苏格拉底的例子所使用的对立物并非不能共存——健康和疾病、强壮和虚弱，以及迅速和缓慢。毕竟，任何人都可以在他生命的不同时段被描述成或健康或病态，至少直至其死亡，即健康和疾病同时消失的时刻。至于强壮和虚弱、迅速和缓慢以及其他对立物，都是相对的特性，任何强壮的人也能被说成是虚弱的（就像迅速也能被说成缓慢一样），这取决于比较的对象是谁。除了苏格拉底的例子有这些困难外，他对快乐的分析也能挑出毛病。是否所有快乐都真的依赖痛苦而呈现？难道没有与痛苦无关的快乐吗？比如，沉醉美景的快乐，一朵芳香玫瑰的快乐，或者也许洞悉愉悦本身也是一种快乐。① 然而，[113] 比这个反驳更重要的是，是否苏格拉底的论证在判断"混合的"快乐时，并没有依据完美的善的标准，即一种完美的、不掺杂邪恶的善。苏格拉底论证中最大的问题，在于没有展现确实存在这样一种善。仅仅说好和坏对立是不充分的，因为除了刚刚提到的对苏格拉底例子中对立物的诘难之外，快乐和痛苦无疑也是对立物，它们更加明显地证明了对立物不能共存的观点是错的。一个人不是可以看似合理地争辩说，尽管好和坏在某种意义上是对立的，但并不存在完全独立于坏的好，而且当苏格拉底把幸福说成不掺杂恶的状态时，他其实是在描述一个不可能的梦。难道不可以这样说吗？②

然而，针对苏格拉底的论证，卡利克勒斯给出的最令人震惊的回应是：他从未提出如此反对。卡利克勒斯确实没有被苏格拉底的论证结论和对象说服，他只是被苏格拉底的诡辩诱捕了（参见497a6-c2、d8-e1）。但是，卡利克勒斯虽然没有被作为整体的论证说服，却同意了（事实上，还是坚定地同意）"好必须完全独立于坏"的观点。当苏格拉底问卡利克勒斯是否同意，人类能同时经历和摆脱的任何一对事物，不可能既是好也是坏，并劝他深思熟虑后再回答时，他的回答是"我非常同意，的确如此"（496c1-5）。这样一种观点，即不掺杂坏的好，或完全独立于恶的幸福，似乎吸引了卡利克勒斯。我们在此

---

① 对照《斐勒布》50e5-52b8,《王制》584b1-c2。亦参 Friedländer,《柏拉图》，前揭，卷二，页 265；Newell,《统治的热望》，前揭，页 27。

② 参考《吕西斯》220b7-d7,《泰阿泰德》176a5-9,《普罗塔戈拉》345b2-c3。Grote,《柏拉图和其他苏格拉底追随者》，前揭，卷二，页 120-127；Friedländer,《柏拉图》，前揭，卷二，页 265-266；Santas,《苏格拉底》，前揭，页 267-270，它们对苏格拉底第一个反驳快乐主义的论证中的缺陷都有更彻底的考察。亦参 Irwin,《柏拉图的道德理论》，前揭，页 121,《柏拉图的伦理学》，前揭，页 107。

看到卡利克勒斯对这个观点深信不疑。尽管苏格拉底的论证几乎没有威胁到快乐主义本身,但这个论证开始表明,为什么像卡利克勒斯这样的人永远只能是半心半意的快乐主义者,[114] 或者是些什么希望阻碍了他接受"善只不过是快乐"这样令人沮丧的观点。

如果说,比起原先可能意识到的,卡利克勒斯对没有掺杂恶的善抱有更大的希望,那么他对美德也有更大的忠诚。虽然我们已经看到一些暗示,但苏格拉底对快乐主义的第二个论证将此表现得更加清晰,这个论证比第一个更具人身攻击性。苏格拉底在第二个论证中尝试向卡利克勒斯表明,他(卡利克勒斯)对勇敢和明智之人的敬佩与以下观点不符——所有快乐都是善的,不管这些快乐的来源怎样,也不管经历这些快乐的人品质如何。苏格拉底从卡利克勒斯对"那些好是表现为好的东西,就像美是表现为美的东西一样"这个观点的接受开始(497e1-3)。他论证说,如果快乐是善,那么懦夫和傻瓜就应该被看作好人,就像那些勇敢和明智的人一样,因为懦夫和傻瓜经历了同勇敢和明智之人差不多同样多的快乐(497e6-498c8)。

苏格拉底举出一些人,这些人是卡利克勒斯承认经历过快乐的人,包括孩子和愚蠢之人。但他最重要的例子是战争中的懦夫,他们因敌人的进攻而痛苦,因敌人的撤退而高兴,这点至少和勇敢的人差不多(498a5-c1)。如果卡利克勒斯同意所谓的好是表现为好的东西,而同时认为快乐是善/好,那么他会接受在敌人撤退时表现出狂喜的懦夫是一个好的人吗?然而他想坚持的是:只有勇敢和明智的人是善/好的,懦夫和傻瓜则是坏的(参见498e2-6,499a1-4)。因此卡利克勒斯坚称"坏和好一样善/好,甚至更好"似乎就陷入了荒谬(参见498c6-8,499a7-b3)。

在这个荒谬的结论背后有一个严肃的要点:卡利克勒斯不能单单依据快乐来解释他对有德之人、勇敢和明智之人的敬仰。卡利克勒斯本可以逃离苏格拉底的论证,这样来反驳苏格拉底:勇敢和明智并非因其本身，而只因其是达成快乐的有用手段而善/好。[115]这恰恰同苏格拉底的论证"勇敢和明智之人在获得快乐上似乎更成功"相反。或者他可以采取进一步的行动，表示谈论好人或坏人根本没有意义：如果快乐是唯一终极追求，那么美德就失去了意义。① 然而，尽管如此回应也许可以把快乐主义从苏格拉底的批判中拯救出来，卡利克勒斯却从未撤回他对勇敢和明智是善/好之物的认同。他对苏格拉底论证的最后回应，是为了声明没有人曾经真正否认某些快乐更好而某些更坏，这证实了他相信有一个超越快乐的标准，并且在他放弃善的观点之前，他会先放弃快乐主义。②

把苏格拉底反对快乐主义的两个论证结果放在一起，我们不仅可以看到卡利克勒斯并非彻底的快乐主义者，还可以看到，比起努力为盲目追求快乐作辩护，什么信念对他来说才更重要。卡利克勒斯为快乐主义作辩护的努力并非完全真诚（再参495a5-6），那只不过是隐藏他更深信念的幌子而已。他更深的两个信念是：真正的幸福是完全脱离恶的状态，以及，美德，或者至少是对美德的某种理解，是据以衡量人类价值的最高标准。两种信念彼此紧挨着获得最清晰的展示，这或许并非巧合。它们双双出现，这有理由让我们思考其中的联系；也就是说，卡利克勒斯对纯粹幸福的信念以及他对美德的关注，两者密切相关，甚至相辅相成。苏格拉底通过反驳快乐主义的两个论证得出这两个信念，因此他已经对我们也许可称之为卡利克勒斯的道德严肃

---

① 对照《斐勒布》13a7–c5, 55a9–c3。

② 有几位评论家已经强调了卡利克勒斯对苏格拉底论证的回应的重要性。对照 McKim，《柏拉图〈高尔吉亚〉中的羞耻与真理》，前揭，页 42–43；Adkins，《价值与责任》，前揭，页 250、272；Irwin，《柏拉图的道德理论》，前揭，页 121，《柏拉图的伦理学》，前揭，页 107；Kahn，《柏拉图〈高尔吉亚〉的戏剧和辩证法》，前揭，页 108–110，《柏拉图和苏格拉底式对话》，前揭，页 137；Newell，《统治的热望》，页 27–28。

性，或卡利克勒斯对道德的依恋之情的东西，提供了迄今最充分的视图。

诚然，这种关于卡利克勒斯最深层的信念的视图确实尚未完整。对话的之后段落将进一步拓展它。比如，我们接下来就会进入一个部分，在这个部分中卡利克勒斯将为他声称献身城邦的人作辩护，像泰米斯托克勒、喀蒙、米太亚德和伯利克勒斯，卡利克勒斯坚持认为这些人关心他们所服务的公民（参见503a2-c3）。卡利克勒斯在这个部分对他们服务的公共善进行了辩护，正如在对话剩余部分他要做的论证一样，这对拼凑出关于他的观念的完整图景十分重要。但是，随后这几段文字的作用首先在于证实并精细阐明已经由我们考虑的东西所显示出来的东西。我们已然可以描画一般性的结论了，虽然难以立即看到卡利克勒斯的道德严肃性（因为它潜藏在其快乐主义之后），但是卡利克勒斯最终会表达对美德的深度依恋，它甚于对快乐的依恋。

我们发现快乐主义并非卡利克勒斯最深关注点的表达，然而由此留下的一系列问题仍需思考。如果卡利克勒斯不是一个真正的快乐主义者，那他起初为何如此声称？以及苏格拉底为什么这样引导讨论，即让我们来关注快乐的问题？让我们从第一个问题开始。我们已经得到了部分答案：卡利克勒斯作为快乐主义者来论辩，是因为他认为他应该前后一致，以防苏格拉底反驳，所以他不得不如此。但这并非完整答案。因为这不能解释为何卡利克勒斯最初会迈向快乐主义，以及他为何不时对快乐主义表达出一种严肃的忠诚（尤其再参491e5-492e2，494a6-b2，495b2-d7）。虽然卡利克勒斯的快乐主义不完全真诚，但那也不是简单的不真诚，把它仅仅当虚假的或完全误导性的伪装也是不对的。我们最好把卡利克勒斯的快乐主义视为他努力的一部分，即他努力要否认他关心任何形式的美德和超越了单纯享乐的幸福形式。然而，既然我们已经看到卡利克勒斯确实恰恰关心这些事情，

[117] 那么，我们就需要尝试搞清他为什么会采取隐藏或掩盖其关注点的立场。为什么卡利克勒斯尽力隐藏他最深刻的信念，甚至是向他自己？

这个问题不只涉及为什么卡利克勒斯会为快乐主义作辩护这一狭义上的问题，还可以进一步扩展，因为快乐主义只是卡利克勒斯所采取的似乎要拒绝所有寻常美德观点的最极端立场。如果说对话行进至此已经显示出卡利克勒斯道德上的严肃或对美德的依恋，那么我们也能看到卡利克勒斯做出了一系列论证，以表达对该观点的极端嘲讽。除了为快乐主义辩护之外，他还认为，高贵性除去它所带来的好处，再无什么真正的意义，强者支配弱者只是明显的事实，我们不应该对此怀有怨恨（尤参 483a7-e1，488d1-e6，491e5-492c8）。至此，苏格拉底一直不得不作出相当的努力来去除卡利克勒斯的这些掩盖，并将其真正相信的东西揭露出来。但是，卡利克勒斯不愿承认自己实际上的最深观点的原因是什么呢？

卡利克勒斯不情愿的原因很深刻，不只是因为他要避免表现得天真，或者想要胜过苏格拉底及其道德论证。为了理解这个更深层次的原因，我们必须考察伴随卡利克勒斯承认其隐藏关注点将带来的痛苦思想。因为如果某人承认关注美德，并强烈希望看到美德获胜，那么当美德失败或者被恶打败时，他就会悲伤和愤怒。在对话的后一部分，我们可以清楚地看见这个问题困扰着卡利克勒斯。在这里，苏格拉底和卡利克勒斯将会讨论一个可能的情景，其中已经被不义政体同化了的、更会自我保护的人，毁灭了一个冒险拒绝被不义政体同化的正义之人（参见 510d4-511a7）。苏格拉底提醒他这个情景包含了"卑鄙之人杀害高贵且善之人"的情况，卡利克勒斯惊呼："这不正是令人发怒的事情吗？"这个回应既揭示了他对美德持续的依恋，也揭露了导致他埋藏这种依恋的原因（511b1-6）。[118]正如卡利克勒斯的回应所示，这个问题的核心是痛苦的愤怒和恐惧，它们源于好人并不总是获得他们应得的命运，或者正义在这个世界没有什么力量。卡利克勒斯同他想逃离这个困境的欲望保持一致，我们可以从早前他不愿承认美德和成功之间的差异这件事上看到（再参483c9-e1，488b8-d4，498e2-3）。

虽然苏格拉底能够将卡利克勒斯引向一个立场，该立场吸引卡利克勒斯关注美德，从而把他从简单降格美德为力量和成功的地方拉开，使得美德不同于成功变为可能，但我们也能理解让卡利克勒斯走出这一步为何会很费劲（尤参488d5-489d5）。而且，尽管卡利克勒斯的确走出了这一步，他仍试图通过强调被视为体现了力量和自信而非体现了自我奉献的美德（即明智和勇气），来让这个步子尽可能小（尤参491a7-d3）。再没有什么做法比这更符合卡利克勒斯的性格了：他在相反立场间游移，他向一个方向的运动，不仅受到向另一个方向运动的关注的阻碍，而且带上了这种关注的色调。但是促使他移动的绝不是简单的愤世嫉俗。如果说他对美德的眷恋常常将他拽离一些剥夺了美德的任何意义或者毁灭美德之道德特性的立场，那么他不愿接受那些让美德无所保护、易受伤害的观点，则又将他引向这些立场。他的摇摆可以理解为对"令人愤怒"的问题的一系列回应，他从任何一个回应中都找不到满足，因为它们都不能完满解决那个问题。从这个角度看他的困境，我们就能理解他早前对正义和快乐主义的陈述了。前一个陈述，他在"理应统治的优越者是否仅仅是力量上的强者"上摇摆。后一个陈述，他的摇摆最为极端，因为这个观点拒绝所有判断的普通标准，只因那些标准可能让美德暴露在困扰他的问题之下。①

---

① 通过考察《法义》625c9–627c2以及661d6–662a8（对照689a1–c3），我们发现，这种困境并不是卡利克勒斯独有的，它甚至困扰了那些更具备礼法意义上的体面的人。让卡利克勒斯不同于《法义》中克利尼阿斯和麦吉鲁斯的是他对问题的敏锐感，虽然这些问题后者都经历过；而且，卡利克勒斯花费了更大的努力去克服该问题的产生的内在分裂。

[119] 然而，阻止卡利克勒斯彻底承认他更深层信念的，除了对美德可能失败的愤慨外，也许还有更多原因。有人或许会对美德的脆弱性问题作如下回应：有德之人即使在坏人手上受苦，也将获得比其敌人所享受的鄙陋喜悦更完美的善，更真实的幸福。[①] 无论如何，这似乎是美德能守住的承诺，我们有理由相信卡利克勒斯并非没有被此触动。然而，尽管这个承诺有力且诱惑人，卡利克勒斯也无法完全投身于它。他虽然为此触动，却仍然困扰于美德是否能真正履行承诺。这些疑虑随后无疑又被加强了，因为他无法接受对于一个问题所能给出的最清楚的答案，这个问题即：即便好人被恶人伤害了，美德仍能导向幸福，这一点如何可能？如果我们稍事展望对话的结尾，苏格拉底与卡利克勒斯的对话会以一个关于来世的神话结束，神话描述的是宙斯系统对那些活得不正义之人的惩罚，以及让善人脱离恶而存活的奖励（522e1-527a4）。比起苏格拉底先前不太认真对待的步骤，即冥府中不节制之人用有漏洞的筛子向有漏洞的罐子运水的场景，这个神话可视作该步骤的一个更为严格的版本（再参 492e7-493d7）。然而，如果早前的场景不能说服卡利克勒斯，那么对话结尾的神话有可能说服他吗？苏格拉底承认卡利克勒斯几乎一定不会理睬这个神话，而权当它是一个老妇人的故事（参见 523a1-2, 527a5-6）。

但就像苏格拉底暗示的那样，这并不意味着此处没有存留卡利克勒斯所依恋的东西，这些东西也终将把卡利克勒斯推向那个方向（参见 527a8-b2）。但是苏格拉底预测卡利克勒斯将会抵抗他心中徘徊着的希望，[120] 这或许是因为，假如承认这些希望，他就会面对自己想从恶中获得终极拯救的渴望，并因此面对一个事实：他不可能渴求他所害怕的事情。比起承认他最深层的希望并接受随之而来的恐惧，卡利克勒斯更希望说服他自己相信幸福可在持续满足强烈欲望的过程

---

① 参考《王制》357a2–362c8。

中获得,并用一连串强烈的快乐来分散自己的注意力。

这些考察能够帮助我们理解卡利克勒斯灵魂的复杂性,以及为什么他会作为一个快乐主义者来辩论。尽管如此,除非苏格拉底逼迫,卡利克勒斯或许也不会表达他的快乐主义观(也绝不会如他已然表达的那样激烈)。我们仍然需要处理一个问题:为什么苏格拉底要迫使卡利克勒斯为快乐主义辩护?这个问题其实只是我们前面提到却没有回答的那个问题的升级版:为什么苏格拉底将讨论从正义问题上引开?紧随其对正义问题的检测,确切地说是在他唐突抛弃这个检测之后,苏格拉底将对话转向一系列问题,使得快乐主义的争论达到顶峰。当苏格拉底第一次从正义问题上转移时,我们会困惑他为何唐突地抛弃了对这个问题未完成的检验,而现在既然我们已经考察了紧随这个转向的部分,那么我们也许就可以在一个更好的位置上去解释,为什么苏格拉底更愿意争论快乐主义问题而非正义问题。

意识到现在不只苏格拉底和卡利克勒斯两人在场,或许可以帮助我们处理这个问题。我们不要忘了高尔吉亚正关注着苏格拉底和卡利克勒斯的交谈。事实上,高尔吉亚甚至干涉交谈继续发展,这似乎提醒了我们他的在场。苏格拉底反对快乐主义有两个主要论证,其中在第一个论证中间的某一时刻,卡利克勒斯对苏格拉底"诡辩式的"反驳方式非常生气,以至于差点儿结束对话。当时,高尔吉亚上前[121]鼓励卡利克勒斯,不要在论证还未抵达终点时放弃,从而向苏格拉底的反驳屈服(参见497a6-c2)。高尔吉亚的介入,表明苏格拉底成功地抓住了他的兴趣。

但是此刻,高尔吉亚看到或了解到什么了吗?最重要的是,他看到苏格拉底一步步揭开了卡利克勒斯对美德的依恋或者他对道德的关注。但同时,他也看到苏格拉底将对话引向快乐主义,然后又从正义话题上转开。现在,高尔吉亚以及其他目睹这场对话的人都很可能将苏格拉底的转离正义解释为,卡利克勒斯对正义的关注太肤浅,以至于难以对这个主题带来真正富有成效的讨论。或许在转向快乐的主题时，苏格拉底已经转向了真正感召且吸引卡利克勒斯的东西。苏格拉底自己也在激化这个印象（参见 492d1-e1，495b8-c2）。但这是错误的印象，苏格拉底也帮助更有识别力的观众看到了这点。尤其是高尔吉亚，他的确看到了卡利克勒斯深深地关心美德，甚至渴望正义获胜，有德之人获得他们应得的。卡利克勒斯只是因为纠结于美德的脆弱性问题，所以才埋藏并转化了他对正义获胜的强烈渴望，但这种渴望并没有消灭。既然如此，把苏格拉底转离正义问题解释为他是要转向卡利克勒斯内心更深处的什么东西，那就不对了。实际上，事实可能恰恰相反。也就是说，苏格拉底对正义问题的回避，最好解释为他很小心地不去采用过于激烈的方式批判卡利克勒斯最珍爱的东西。

我们应该回想，在这方面，尽管苏格拉底几乎没对卡利克勒斯的正义观提出什么问题，仍激起了他愤怒的回应（再参 490b1-491a3）。我们必须记住，隐藏在苏格拉底和卡利克勒斯整个对话背后的是卡利克勒斯对哲学的敌意，这个敌意的最深源泉可能是卡利克勒斯对道德的眷恋和他模糊的感觉，即他感觉到哲学式的质询可能毁掉他最关心的东西，却又不能提供任何真正有价值的东西作为代替。苏格拉底与卡利克勒斯的交谈已经帮助我们看得更清楚，卡利克勒斯对道德的眷恋塑造了他的判断——他对一切事情的判断，甚至对苏格拉底和对哲学的判断。

[122] 然而，通过把谈话引向对快乐主义问题的讨论，苏格拉底清楚呈现了他和卡利克勒斯之间的分别，可以说，他站在高处，反驳了卡利克勒斯为追求快乐的生活所作的有点言不由衷的论证。我认为，苏格拉底成功占得先机，这为苏格拉底返回哲学生活的善／好做了准备，同时这也是以修辞术更高贵的形式来教育高尔吉亚的一个重要部分，这种修辞术形式的最终目的是反对其批评者和潜在的敌人，并为哲学作辩护。

第四章　苏格拉底的处境与修辞学的恢复

[123]《高尔吉亚》揭示了许多关于卡利克勒斯的内容，它向我们展示了一个年轻人的灵魂。苏格拉底认为这个年轻人永远不会同他一道追寻真理，因为这个年轻人想成为哲学生活的坦率批评者。相应地，这篇对话也向我们展示了许多有关苏格拉底的内容，他在回应卡利克勒斯对哲学生活的攻击时，让我们看到一个围绕苏格拉底哲学生活的陈述或辩护。苏格拉底在批判快乐主义后，重新引出了早前已经退出对话的问题。他提醒卡利克勒斯注意这场谈话中最重要、也是所有人类问题中最重要的问题——"人应该如何生活"，接着他转而回应卡利克勒斯对他的劝解——放弃哲学并转向一种更具政治性的生活（500c1-8）。然而，尽管苏格拉底回到"他的生活是否真正值得选择"这个问题上，但是他所做的一切似乎只是为了再次把这个问题从谈话中隐去。过了许久，苏格拉底才在余下的对话中直接谈论他的生活，而且其陈述十分简短（参见521a2-522e6；对比508c4-513c3）。

此外，我们本以为在对话的最后部分苏格拉底会特别敞开地谈论他自己的生活，但这期待落空了，因为就在他批评完卡利克勒斯的快乐主义之后紧随着的这个部分，苏格拉底又回到了修辞术的问题。但在这个关头回到修辞术问题，似乎恰恰偏离了最好的生活这个更重要的问题，这使我们更加迷惑不解。在批评了卡利克勒斯的快乐主义后，他的主要目的究竟何在？是要揭示关于哲学生活的真相，以充分回击卡利克勒斯对哲学生活的攻击吗？我们想要看到的是苏格拉底起来捍卫私人化的哲学生活,反驳那些攻击它的论据——稍后苏格拉底会引用卡利克勒斯早前提到的欧里庇得斯的《安提俄珀》,把这种反驳称为安菲翁对泽托斯的答话。但这是我们将要看到的东西吗?

随着我们越来越怀疑一开始显得直截了当的答案,这个问题也变得越来越扑朔迷离。此处需要重申,苏格拉底在批评卡利克勒斯的快乐主义之后,回到了关于最好生活的问题上。一开始他让人觉得他已经做好准备要回答这个问题,因为他已经让卡利克勒斯宣布放弃他的快乐主义,进而接受了一些用以判别不同生活的重要标准。据苏格拉底所言,因为卡利克勒斯已经认同某些快乐的事是善的而另一些是恶的,所以,他必须承认存在一种比快乐更高的标准,这种标准能让人们明白以上有待判断的对象之间的差别。换言之,卡利克勒斯必须承认善相较于快乐的优越性以及善的地位——作为所有人类行为的正确目的(499c4-500a3)。以上观点的基本立场是,人们应该为了善去做令人感到快乐的事,而非相反。

接着,苏格拉底坚持认为,有必要让一个专家(或明确地说,一个"艺术家"或工匠)来辨别哪些快乐的事情是善、哪些是恶。然后,苏格拉底提醒卡利克勒斯回想先前所做的一个区分:仅仅将快乐作为目标的追求与那些能够辨识善恶的真正技艺的追求之间的区别(500a7-b5)。也就是在这时,苏格拉底谈到了最好生活方式的问题。他指出当前话题所呈现出的两个面相,一个是由卡利克勒斯捍卫的政治生活,另一个是投身于哲学的生活(500c1-8)。通过谈及快乐和善之间的区别,最好生活的问题从表面上看似乎是很容易解决的。也就是说,不同于卡利克勒斯所赞美的政治生活,引导哲学生活的是善而非快乐。然而出人意料的是,苏格拉底并没有完全得出这个结论。[1]

---

[1] 对照 Jaeger,《教化》,前揭,卷二,页 144;Friedländer,《柏拉图》,前揭,卷二,页 266–267;Dodds,《高尔吉亚》,前揭,页 2–3;Newell,《统治的热望》,前揭,页 28。

[125] 相反，他只是想论述两种生活之间的真正差别，至于人们应该选择哪种生活，则仍然有待回答（500c8-d4）。此外，苏格拉底甚至还暗示，这两种生活方式是否真的彼此不同，这是存疑的（参考500d2-3）。苏格拉底此处的迟疑预示着，他认为先前的讨论并不足以解决这些至关重要的问题。

人们或许会期待苏格拉底马上解决这些问题。但另一个理由，即，苏格拉底重新表现出的、我们已经提及的他对修辞术的兴趣，让我们怀疑苏格拉底的目的是否像初看时那样直接明了。再现的修辞术看似是作为政治生活的一个面相来反衬哲学生活，或换言之，作为比赛中人们所预想要失利的一方（参见500c4-7）。但是，修辞术在较早的对话中已经受过批评，为何此处还有必要再增加对它的指责？更重要的是，尽管在这部分对话中苏格拉底重申了他早前对修辞术的批评（因为修辞术是指向快乐的谄媚形式），但我们仍然可以察觉他对修辞术的态度产生了微妙变化。诚然，苏格拉底再次不遗余力地藐视了那些（非艺术的）以产生快乐为目的的追求，而且现在抱着一个明确目的，即说服卡利克勒斯表达他自己对这种追求的藐视（参见，尤其是500d6-501c6，502d2-9）。然而结果证明，苏格拉底在这部分并没有过分关注卡利克勒斯的真正所想（参见501c7-e3；比较495a7-9，496c1-4，500b5-c1）。另一方面，就卡利克勒斯而言，他可能没注意到一些不那么起眼但却更重要的迹象，即尽管苏格拉底语调中充满轻蔑，但现在对话的气氛有了某种不同。

变化的第一个迹象表现在，苏格拉底返回到曾经首次出现于他和高尔吉亚对话中的问题，[126] 这段对话早于珀洛斯部分的开篇处对修辞术的批评。在苏格拉底与卡利克勒斯讨论那些带来快乐却忽略什么是最好的追求时，他问卡利克勒斯，这种追求带来的满足是否不仅发生在一个人的灵魂里，还发生在两个人甚至是一群人的灵魂中。由此，苏格拉底回到一个问题：现实地讲，人数众多的群体能够真正成就什么（501d1-5）。我们在此应该想起来，这种思考早前曾指向某种重要需求，该需求控制或至少在某种程度上可为修辞术的运作方式开脱（参见454e3-455a7）。

其次，我们应该注意到，虽然苏格拉底通过重提他在珀洛斯部分开头处对修辞术的批评，而再一次引出修辞术，但他在对以快乐为目的的诌媚追求进行类比时，所提到的却不再是化妆术和烹饪术，而是音乐和诗歌（对比501e5-502d3和463a6-465e1）。可以肯定，苏格拉底此时在批判音乐和诗歌，因为他认为它们没有努力提升观众的灵魂。然而，把一个修辞家比作厨师或化妆师是一回事；把他比作一个悲剧诗人——一项"威严而令人惊奇的"反传统技艺的从业者，则是另一回事（502b1-2）。人们可以发现，这些类比之间有实实在在的差别：音乐和诗歌提供的快乐属于另一种不同且更复杂的类别，正如能够创造这种快乐的技艺也更难以获得。修辞家此刻表现出一种能与伟大的悲剧诗人比肩的形象，甚至要高于他们。因为修辞家的听众仅仅是自由的男人，而悲剧诗人的观众则包含女人、儿童，还有奴隶（502d5-e2）。①

苏格拉底改变对修辞术的态度的最后也是最重要的一个迹象是，他提出可能存在一种所谓的高贵的修辞术。此处表明苏格拉底不再全盘否定修辞术，他主张修辞术可能还具有一种高贵的形式，虽然他同时表示没有人见过这种修辞术（503a5-b1）。②然而，如果没有人见过这种修辞术，[127]那就不禁让人疑惑苏格拉底在讲这番话时想到了什么。苏格拉底是在呼吁这种创造物的出现吗？如果苏格拉底重提修

---

① 针对苏格拉底在这部分中的类比，对此的不同诠释可参考Jaeger，《教化》，前揭，卷二，页144。

② 对照Black，《柏拉图修辞之所见》，前揭，页366-367；Newell，《统治的热望》，前揭，页28。

辞术，不仅是为了卡利克勒斯，也是为了高尔吉亚（参见 500a7-b5，501c7-d2），那么他是在为高尔吉亚的能力提升寻找一种更优的方案吗？苏格拉底将修辞术的再次出场和对卡利克勒斯攻击哲学的回应编织在一起，这难道是在向高尔吉亚传递某种信息？我们目前难以回答这些问题，因为我们还不清楚高贵的修辞术有什么特点，以及人们为什么需要它。不过，可以确定的是，我们已经初步看到某种对于修辞术的重建或修复。同时，令人好奇的还有，这会不会指引人们在余下的对话中更接近苏格拉底尚未言明的真正目的？

高贵的修辞术、灵魂的秩序和苏格拉底论题
（502d10–508c3）

苏格拉底对修辞术的批评暗示修辞术有两种，即一种可耻的形式和一种高贵的形式（再参 503a5-b1），而他确立这一论证进而确立这一分别的根据，就是区分以快乐为目的与以力图使公民灵魂变好为目的。然而，苏格拉底向普通的修辞家提出进一步的批评，认为他们"以个人私利为行动动机，极少关注公共善"（502e6-7），这个举动无疑让问题变得更加复杂。换言之，苏格拉底的批评不仅突出了修辞家们低劣的工作内容，还强调了他们自私的动机。这点很重要，因为不仅仅是前者，尤其是后面这项内容引起了卡利克勒斯的抗议，这一抗议将对话引入了下一个阶段。卡利克勒斯更在意的是修辞家单纯为着私利行事这一说法，而非修辞家能提供给人们的只有快乐（参考 503a2-4）。他认为谋求私利这个说法不适用于所有修辞家。卡利克勒斯坚持认为对于伟大的雅典政治家——泰米斯托克勒、喀蒙、米太亚德、伯利克勒斯这些人来说，情况就并非如此（503c1-3）。

[128] 通过卡利克勒斯的抗议，我们可以认识到他的部分性格和信念。起初这些信念也许还未表现得特别清楚，但现在却清晰可见。

在卡利克勒斯的眼中，那些为雅典公共服务做出巨大贡献的人值得他由衷地敬佩。在他的评价体系中，伯利克勒斯这样伟大的雅典人比薛西斯这类外邦僭主拥有更高的地位（再次参考483c7-484c3）。此外，因为卡利克勒斯敬佩的政治人物都是修辞家，因而可以认为他是代表那些修辞家来反对苏格拉底的批评。他坚持认为那些修辞家应该被视为高贵的修辞家，而不同于他们所处时代的修辞家（503b4 -c3）。①

此处卡利克勒斯的抗议，听起来就像一个美国爱国青年满怀敬意地回顾华盛顿、杰斐逊和亚当斯的时代。他在为泰米斯托克勒和喀蒙尤其是伯利克勒斯作辩护时，其实是在为那些雅典帝国主义的设计者们作辩护，他们以希腊其他城邦的自由为代价构筑了雅典巨大的实力。在打造并维护希腊的力量时，那些领袖奉行的是"自然正义"，它意味着强者应该统治弱者。实际上，[129]卡利克勒斯表现出的爱国精神与其早前对正义的论证一致。他对雅典帝国主义的崇敬甚至暗示，他想为雅典作辩护的这种爱国关切，可能促使他在为某种正义观辩护，该正义观将雅典的帝国主义视为自然正义的例证，而非侵犯别

---

① 我们有必要了解卡利克勒斯所赞扬的这些人都有什么重要成就。泰米斯托克勒、喀蒙、米太亚德、伯利克勒斯都是雅典有名的领袖，他们通过自己的功业，联合将雅典推向了鼎盛时代。米太亚德是"四个伟人"中最早的一位，公元前490年，他带领雅典人在马拉松打败了波斯王大流士领导的侵略军。大约十年以后，泰米斯托克勒协助击退了薛西斯发起的第二次波斯侵略。泰米斯托克勒在萨拉米斯（Salamis）的一场重要战役中打败了波斯海军，他建立的雅典海军为雅典帝国的崛起作出了贡献。喀蒙将泰米斯托克勒的功绩往前推了一大步，不仅最终击败了波斯海军，还在相当长一段时间里，带领雅典从一个对抗波斯的希腊城邦联盟中的一个领袖城邦，转变为一个帝国政权。伯利克勒斯当然是这个时期所有雅典领袖中最著名的。他带领雅典人走向国力的巅峰，并且带领他们走向伯罗奔半岛战争。更多关于这四位领袖功业的内容，可以参见希罗多德和修昔底德的论述，以及 Seung,《重现柏拉图》，前揭，页2–3；Dodds,《高尔吉亚》，前揭，页 325–326, 356–359。

人权利的例证。①

卡利克勒斯之所以反对苏格拉底的观点，是因为他相信他心目中的英雄在为雅典服务，而非相信他们的服务能够提升雅典人的灵魂。这两个标准的混合导致它们之间的差异变得模糊，由此苏格拉底的论述才引起了卡利克勒斯对那些英雄的辩护，他声称他们属于高贵的修辞家。不过卡利克勒斯的回应使苏格拉底转向了另一个问题——就高尚的修辞学而言，它真正的任务是什么，它的目标应该是什么（参考504c4-e1）。

苏格拉底此处的这一步骤可能同时服务于几个目的。最明显的是，苏格拉底意在建立一条标准，以此来评判卡利克勒斯的英雄们（参见503d5-6）。此外，苏格拉底还做了进一步扩展，他催促卡利克勒斯将注意力从那些英雄为雅典服务这一简单事实转向这些服务本身的特性。我们已经提到过，卡利克勒斯的立场似乎包含一种混杂的或模糊的爱国主义，他将为城邦服务这件事放到了最首要的位置，但是并没有从道德上严格审视城邦自身的目的。② 因此，苏格拉底在催促卡利克勒斯的过程中会挑战这种立场的充分性，也就是，这一立场一方面宣称了善的首要地位（当说到个体的服务是为了促进公共善的时候），另一方面却没能形成完整的观点（当说到城邦应该致力于何种目的的时候）。因为任何一个为这种观点辩护的人都不会承认城邦应该致力于一种低下的目的，[130] 特别是对一个想为城邦和善做出贡献的人来说。因此，苏格拉底完全有理由催促卡利克勒斯在他的辩护中达成进一步的严格性和连贯性。最后，苏格拉底的这一步骤还使他得以开

---

① 卡利克勒斯在 481b10-c4 的开场白为这种说法提供了支撑。在那里，卡利克勒斯捍卫事物的现存秩序，还表示他担心苏格拉底关于正义的极端论证会将所有事情给颠倒过来。

② 有关于此，值得比较卡利克勒斯的英雄名单上居于首位的那人所说的一段名言，参见修昔底德，《伯利克勒斯的葬礼演说》，前揭，2.41-43。

始描述属于高贵修辞术的特性和目标。

苏格拉底开始描述高贵的修辞家，即"为了最好而讲话的好男儿"。他把高贵的修辞家与其他匠人作比，匠人们不是随随便便地完成他的活儿，而是"掉开眼光望向"（look away to）某种东西，也就是去看自己的作品（ergon）碰巧所是的那种东西，以及看向他们正试图把手上的活儿最终加工成的形式（eidos）（503e1-5）"形式"作为一个重要的柏拉图式术语，在此出现是指一种存在于工匠脑海中的图像或图案，它随后呈现在工匠的作品中。苏格拉底所举的例子让我们看到画家、建房者、造船者这些典型的工匠，从同一种意义上说，他们都是以一种特定的秩序来整合工作中涉及的材料，最终让作品形成井然有序的整体（503e5-504a2）。根据苏格拉底所说，甚至照料身体的教练和医生也是如此（504a3-5）。至于这些工匠追求的最终秩序的品质和善，则似乎取决于其手艺成果的用途。比如，航行的需求决定了一艘船的内在秩序并证明了该秩序的合理性，日常生活的需求决定了一栋房子的内在秩序并证明了该秩序的合理性。我们难以否认，一艘有着内在秩序的船、一栋有着内在秩序的房子，或者一个有着内在秩序的身体，都优于其无序的同等物（504a8-b3）。

到目前为止，一切看似顺利。但一说到灵魂呢？那些排列和秩序是否仍旧管用？而无序则一定会造成相反的效果？苏格拉底把这个问题交给了卡利克勒斯。根据前面提到的那些例子，卡利克勒斯假定有必要延续上述观点（参见 504b3-6），即，也许有理由假设一个有秩序的灵魂，它的秩序比一艘船或一栋房子更复杂，也比一个无序的灵魂更有用。然而，相应的问题也随之而来。苏格拉底告诉卡利克勒斯，[131] 我们身体中经由安排和秩序产生的东西，我们使用了一个或多个名词来指代它，即，健康和力量。由此，苏格拉底引出的问题是：在灵魂里经由安排和秩序产生的东西是什么（504c1-3）。卡利克勒斯不情愿地回应说：

苏格拉底,你为什么不自己说呢?(504c4)。

于是,苏格拉底宣布,灵魂中的安排和秩序分别对应的名词是"合法"(the lawful)和"礼法"(Law)。他宣称,灵魂靠这两样东西变得守法、有秩序;灵魂中的安排和秩序就是正义和节制(504d1-3)。卡利克勒斯对此的回应是"就算是吧"(504d4),这预示着他觉察到苏格拉底的论证有问题。但是他觉察到的问题是什么呢?此处成问题的是什么?

先来看苏格拉底的论证结构:他没有像之前以工匠的成品作类比时那样,从作品或用途的观念来谈灵魂。他关于灵魂的陈述在这方面看起来更接近身体的类比(参见504b4-c3)。然而,声称身体的适当安排和秩序所带来的结果或产品是健康和力量,由此这种秩序本身可被称作"健康",这不会引起太大争议(参见504c7-8)。相比之下,声称灵魂的安排和秩序应该称作"合法"和"礼法",并就此认为其中产生的合法性和秩序性应该称作正义和节制,这却会引起争议(对比504b7-c8和504d1-3)。将灵魂的安排和秩序称作"合法"和"礼法"的依据是什么?我们怎么知道合法和礼法分别对应的合法性和秩序性能够真正冠以"正义"和"美德"这两种善的名称呢?或许从某种意义上讲,我们的确"知道"这点,因为礼法通常被认为是合法性和秩序性的来源,而这种合法性和秩序性又通常被当作正义和节制。

然而,以这种方式来看,苏格拉底的论证只不过是援引了一种通常看法,而并没有为这种看法提供真正的辩护。或者,更准确地说,苏格拉底的论证给人这样一种印象:合法和礼法具备一种合理性,[132]我们能够直接在工匠的作品中找到这种合理性;同时合法和礼法还具备一种善,这种善也蕴含于健康和力量之中。这个论证给人的印象是,礼法、善、合理性之间似乎存在一种完美的和谐,而这种印象的作用在于掩盖一个问题,也就是,这个论证所依赖的只是一个断言,而且该断言回避了一些困难的问题,这些问题在真正严肃地去探索灵魂的安排和秩序时必然遇到。苏格拉底起初的一连串论证步骤显得步步有理,而且清楚明白,可是随后,他却在严密的伪装下轻轻一跳,抵达了他的结论。①

在此苏格拉底并没有给出一个合理的论证,这不禁让我们感到疑惑:就修辞术的任务来说,我们是否还没有看到一个有力的陈述?据苏格拉底描述,无论是讲话还是行动时,懂艺术的优秀修辞家都会关注同胞的灵魂,关注其中的正义、节制以及其他美德。同时他们也会有意消除不正义、不节制以及其他恶习(504d5-e4)。这将有利于公民,因为正如"依凭正义的言辞",为一个病态而败坏的身体提供各式各样的食物和饮品对这个身体毫无益处,同样,我们必须让大意、不节制、不正义、不虔诚的灵魂远离它的欲望对象,并让它朝向那些能让它变好的东西(504e5-505b7)。不过,这种有意消除恶习的行为意味着某种惩罚,即,让病态的灵魂远离它的欲望对象。但苏格拉底认为,让病态的灵魂受到惩罚比让它继续不节制要好。尽管卡利克勒斯反对这个提议,但苏格拉底力劝他忍耐,因为服从这种惩罚能够使他获益(504b9-c4)。

[133]苏格拉底最后对卡利克勒斯说的话暗示出,他在这个部分不仅论述了一种惩罚,还将它运用到了卡利克勒斯身上。这就符合一种猜测,即苏格拉底不单单在描述一种特定的修辞术,而且在实践

---

① 有些评论家忽略了苏格拉底论证的缺陷,比如,参见 Jaeger,《教化》,前揭,卷二,页 145;Friedländer,《柏拉图》,前揭,卷二,页 268–269。也有一些评论家对苏格拉底的论证提出了反对,参见 Grote,《柏拉图和其他苏格拉底追随者》,前揭,卷二,页 375;Adkins,《价值与责任》,前揭,页 273–274;Kahn,《柏拉图和苏格拉底式对话》前揭,页 142–144;Newell,《统治的热望》,前揭,页 31, 7。

它。但这是哪种修辞术？正如此处所示，苏格拉底描述并同时实行的修辞术实际上结合了敦促和责备。这就是所谓的惩罚，尽管这种"惩罚"不包括身体上的暴力，并且还能发挥出一种类似于敦促带来的鼓舞力量。在这里值得注意的是，苏格拉底把他在这部分正在做的事比作讲述神话（参见505c10-d3）。我们还不能回答，苏格拉底对卡利克勒斯的规劝是否在某种程度上体现了神话的特点。正如苏格拉底所说，这个论证还没有头绪（505d2-3）。[①] 目前只需这么说就够了：苏格拉底正在提出某种显得像是德性学说的东西，他没有完全验证该学说的正确性（思考506a1-5），但由于高尔吉亚插进来表示想要听苏格拉底讲完"剩下的东西"，所以苏格拉底愿意至少部分地讲清楚这个学说（见506a8-b3）。

接下来的交谈中，高尔吉亚催促苏格拉底无论如何继续他的陈述，就算卡利克勒斯退出讨论。由此导向了奇怪的景象：苏格拉底在扩展部分的论述方式表现为辩证式提问与持续性独白的结合。也就是说，苏格拉底接受了卡利克勒斯的暂时退出，并继续谈话，只不过接下来的谈话中苏格拉底来回扮演了提问者和回应者的角色（参见506b4以下）。因此，苏格拉底的论证形式或方法本身就变成了苏格拉底式辩证法和一种修辞术的混合物。这种形式也为我们提供了一条线索来理解苏格拉底长段独白的特征。与此一致，苏格拉底还表示，为了向卡利克勒斯提供"安菲翁对泽托斯的答话"，[134]他用独白代替了严格意义上的辩证方式（506b4-c1）。[②] 苏格拉底不再以一种

[①] 有关这部分中苏格拉底古怪的表达以及对muthos［神话］这个词的使用，可参见 Brisson,《柏拉图，神话制作者》(*Plato the Myth Maker*)，页60。

[②] 这个短语当然是在暗指卡利克勒斯之前对欧里庇得斯《安提俄珀》的引用，可见第三章中的注释。

严格的辩证方式来论证，即便他保持了辩证法的一些形式，这些迹象意味着，无论我们在苏格拉底的独白中听到什么，就卡利克勒斯攻击他的生活方式而言，这些都不是他最真实和最深处的回应。相反，苏格拉底只是在完成其所谓的"演讲"（ton logon）或"正义的演讲"（tondikaion logon），这种演讲或描述可能具有某种神话的特征，苏格拉底也已经给了我们理由怀疑这一点。

苏格拉底一边敦促听众"听"，一边"从头开始演讲"（506c5）。开头部分表面上说到快乐和善之间的区分，以及卡利克勒斯所认同的善的优越性（506c6-9）。但在重复这些步骤后，苏格拉底说了比之前更多的、关于善的特性。正如快乐产生时我们是快乐的，因此善出现时我们也是善的（506d2-4）。还存在一些美德，一旦有了它们，我们也会变得善。经过这几步，苏格拉底从确认善的优先性转向了论述美德，换言之，他正暗示美德应该成为我们最关心的对象。接着，他提到了安排和秩序，说得就好像他所注重的这两个标准正是美德引人注目的标志，甚至是美德的来源（参见 506d5-e2）。再一次，苏格拉底没有像之前谈到工匠制品时那样谈论灵魂，他完全没有提到用途或目的，没有提到现在所讨论的安排和秩序究竟是基于何种用途或目的获得其意义的。① 他只是简单地提及一种秩序，认为它的出现能使拥有它的对象变得更好；他声称，当拥有这种秩序的对象是灵魂时，有序的灵魂会比无序的好（506e2-6）。

[135] 随着苏格拉底展开对美德的描述，我们开始认识到他所强调的秩序：节制是最高的美德。苏格拉底论证说，因为有序的灵魂是节制的，有节制的灵魂是好的，因而如果灵魂经历着"节制的反面"，那它就是坏的（506e6-507a7）。在苏格拉底看来，如果灵魂经历着"节制的反面"，它就是愚蠢且放纵的灵魂（参见 507a6-7：hē aphrōn te

---

① 对照 Benardete,《道德和哲学中的修辞术》，前揭，页 85。

kai akolastos)。苏格拉底举出节制的两个对立面——愚蠢和放纵,然后表示,节制在此处至少包含一层意义即明智,甚或某种智慧。① 反过来这也帮助我们理解,苏格拉底当前对美德的论述中最引人注目的特点是,他将其他美德都作为节制的衍生品呈现(507a5-c7),至少在论述的开头持这种观点。②

为了支持这种观点,节制就必需纳入一种智慧,这种智慧要能够分辨"合适的事情",因为节制的人所关心的是做"合适的事情"。也就是苏格拉底所描述的,能够为人类做出正义的事情,能够对神明虔诚,能够变得勇敢(参见 507b1-5)。具备美德的人能够依照正义、虔诚、勇敢来行事,因此就可以说他们是正义的、虔诚的、勇敢的;但其行为的实质应当被视作避免愚蠢错误的明智考虑(参考 507b5-c5)。一旦苏格拉底以这样的方式论述美德,将其作为节制之人通往幸福的帮助而为之辩护就显得很容易了——苏格拉底甚至还补充说自己也相信节制是通往幸福的道路(参见 507b8-d1)。然而,人们可能会疑惑,[136]苏格拉底此处描述和捍卫的美德在多大程度上接近于大多数人赞赏并希望其得到辩护的美德呢?比如,它和苏格拉底不久前提到的合法有什么关系?这种美德是否值得称作"合法"(the lawful)?这种美德接近于苏格拉底在《王制》第四卷谈到的美德吗?其中,他将正义定义为灵魂中合适的秩序。正如当前对节制的论述,他对正义的定义使得美德成为某种有益于其拥有者的东西,但是它远离了任何一

---

① 关于节制的两个对立面,参见 Dodds,《高尔吉亚》,前揭,页 336。Dodds 指出,比较常见的对立是克制 - 放纵的对应。但还有一种对立是克制 - 愚蠢的对立,这一对立暗示出"节制"一词还有更宽泛的含义,对此,参见《普罗塔戈拉》332a4–335b5;《法义》710a3–8;色诺芬《回忆苏格拉底》1.1.16, 1.3.9。

② 对照 Benardete,《道德和哲学中的修辞术》,前揭,页 61:"节制成了仅有的美德,这种美德甚至吸纳了正义。"参见页 85、90。

种有关美德的通常观念。①

如果说此处苏格拉底的描述让美德成了大多数人难以认可的东西,那么好在随后他并没有延续这种描述路径,因为在谈论节制时,他没有将节制置于类似的位置上。苏格拉底的"撤退"发生在他回到惩罚这个主题(此处的惩罚不仅是对某人的惩罚,也是"由某人自己进行"的惩罚),以及他谈到城邦的时候(参见507d4-6)。一旦我们关心的主要对象不再是某人自己的灵魂——苏格拉底在赞美节制时关心的就是个人自己的灵魂——正义就回来了,并重新要求至少与节制一样的地位。在苏格拉底论述美德的后半部分,正义不再作为一种从属的、或衍生的美德(对比507d4-508b2和507a5-d3)。

同样令人惊讶的是,正义重新出现并从从属地位转变到至少与节制相同的位置上后,这种转变也改变了苏格拉底支持美德之善的论据的特性。一方面,苏格拉底在高扬节制的那个部分提出了支持美德之善的直接论据,可以说,苏格拉底关于美德的整个描述都笼罩在这个论据的光辉之下,尤其是因为苏格拉底并没有让人注意到他在美德描述中的重要转向。但是,[137]另一方面,苏格拉底现在离弃了"节制之人的明智行为本身直接产生了某种益处"这一观点,转而认为,"明智和正义是善的",因为它们能让具有美德的人与其他人以及神在友爱和相交中联合(参见507d6-e6)。苏格拉底以一种宇宙论结束了演讲,这种宇宙论涉及天地、神明和人类,它以集体、友爱、秩序、节制和正义为纽带,将天地、神明和人类联系在了一起(507e6-508a2)。他告诉卡利克勒斯,"这就是为什么人们将这全部称作一个有

---

① 尤参《王制》443b7-444a2。一方面是"苏格拉底式的节制"和"苏格拉底式的正义"这二者之间的区别,一方面是"普遍认可的节制"和"普遍认可的正义"这二者之间的区别,对此参见 Irwin,《柏拉图的道德理论》,前揭,页125-126。对照 Santas,《苏格拉底》,前揭,页295-301。

序的整体,而不是无序和无节制的"。① 苏格拉底说卡利克勒斯没有看到"几何平等"的宇宙力量:

> 在我看来,你没有在这些事情上用心。尽管你也是个智术师,不过你没有意识到几何平等在诸神和人类之间有着巨大的力量。你反倒认为一个人应该尝试着获得更多,因为你忽略了几何。(508a3-8)。②

在此,苏格拉底似乎很认真地催促卡利克勒斯接受他前面陈述的观点。他明确地直呼卡利克勒斯的名字(参见507c1、e6,508b4)。如果我们稍加回想早前的提法,即卡利克勒斯被一个问题困住了——是否具有美德的人能够得到他们应得的幸福——[138]那么,苏格拉底此处对美德的称赞可视作对其疑虑的缓解。我们看到苏格拉底正扮演着告诫者、惩罚者,以及帮手的角色。或者,使用一个早前的类

---

① 希腊词 kosmos(以上被翻译成 cosmos)就是我一直翻译为 order 即"秩序"的词。把"这个整体"叫做一个 kosmos 是说它的有序性。至于是"谁"把这个整体称之为 kosmos,可能要么指普通人,要么指苏格拉底在 507e6 提到的"智术师"。

② "几何的平等"就是常说的"比例的平等",即以等比数列的形式表现出来的比例上的平等。正是这种平等给亚里士多德著名的"分配正义"提供了标准(参见《尼各马可伦理学》1131a10-b22)。苏格拉底关于这种平等在全宇宙都具有效力这一说法,可能起源于毕达哥拉斯学派(参见 Dodds,《高尔吉亚》,前揭,页 338-339;也可见 Olympiodorus,《柏拉图〈高尔吉亚〉评注》,前揭,第 35 讲)。无论这种平等是否起源于毕达哥拉斯学派,苏格拉底此处对于一个有序宇宙的这种有助于作为美德之支撑的观念,引起了许多评论家的注意,其中有些人还对此尤为重视。比如,Friedländer,《柏拉图》,前揭,卷二,页 269;Jaeger,《教化》,前揭,卷二,页 146-147;Voegelin,《柏拉图》,前揭,页 36-37;Kahn,《柏拉图〈高尔吉亚〉的戏剧和辩证法》,前揭,页 96、119;Newell,《统治的热望》,前揭,页 32、38。

比（这个类比会在对话结束前再次出现），苏格拉底似乎扮演了一个医生，他给予卡利克勒斯的灵魂以其所需要的药品。但这是否意味着，我们应该接受苏格拉底对美德的论述，认为这也是其内心观点的表达？

若要得出这一结论，我们会面临很多困难。首先，苏格拉底并没有给美德提供一个完全合理的辩护。事实上，苏格拉底在讲辞中，对美德的理解从作为一种明智的节制（一种非传统的理解）转变到正义和节制（一种传统的理解），这引发了既关于美德统一性，也关于智慧和正义之和谐性的困难。当然，苏格拉底的讲辞从表面上肯定了美德的统一性及其各部分之间的和谐性，但是，此处没有充分的论证来支撑这个表层意思。① 也许是在承认这一点，苏格拉底在讲辞结束时给出了结论，这个结论悄悄地弱化了他在演讲时似乎依凭着的信念：

> 要么这个论证（逻各斯）一定会被我们反驳，以便表明，幸福的人并非因为拥有正义和节制而幸福，不幸的人也不是因为拥有邪恶而不幸；要么这个论证为真，那样一来我们就必须思考接下来会怎样。（508a8-b3）

为什么苏格拉底要抛出驳斥其论证的可能性——尽管只是作为二中之一的选项？

此后，苏格拉底立即将他对美德的辩护与关于正义的"苏格拉底论题"联系起来，他同珀洛斯对话的开端就一直在为该论题辩护，所

---

① 对照 Irwin,《柏拉图的道德理论》，前揭，页 125-126, 129-130 中的相似反驳。Irwin 的批判分析应与其他一些人的分析对照来看，比如，Friedländer,《柏拉图》，前揭，卷二，页 269；Jaeger,《教化》，前揭，卷二，页 146；Voegelin,《柏拉图》，前揭，页 36。

以我们质疑苏格拉底的信念显得像是搞错了（参见508b3-e6）。在回到"苏格拉底论题"之后，苏格拉底继续直接论述其观点，[139]而他所说的内容却让我们面临了更深远的问题，即其观点的真实特性。苏格拉底以一种不招摇但很清楚的方式说到，甚至他对"苏格拉底论题"的辩护也不应理解为是在为一种他知道是正确的观点辩护，而仅仅应理解成是在为一种没有人在正常情况下会否认的观点辩护。说到这个论题，他对卡利克勒斯说：

> 以上这些已经在前面的谈话中向我们显明的东西，要我讲——如果允许我说得粗鲁点——是用铁做的坚固论证（logois）确立并绑起来的，至少看起来大概是这样。如果你或比你年轻的人都无法松动这些论证，那就没有人可能说出与我现在高贵说出的东西不一样的内容。至少对我而言，讲法（logos）始终是一样的——我不知道这些内容如何立住，但是就我目前所遇到的人而言，没有一个说出异议的人能避免他们所说的内容是荒谬的。（508e6-509a7）

苏格拉底在这段声明中暗示，他在为"苏格拉底论题"作辩护时，只是要说出一个观点，该观点在人们灵魂中所具有的力量，比多数人能够意识到的程度更大。但是他没有说明他本人是否信服这一观点的真实性，他甚至认为，这些观点背后"无论如何"都"坚定不移的论证"可能会被卡利克勒斯或者比他年轻的人松动（亦参506a1-5，508a8-b3）。我们应该思考这与早前考虑过的另一个重要声明之间所具有的联系，在那个声明中，苏格拉底给出了相似的暗示。因为苏格拉底说卡利克勒斯他永远不会实现一贯性，因为卡利克勒斯终身都将对自己产生异议，除非他驳倒苏格拉底的观点；由此他们两人之间的交流才得以开始（再参482a4-b6）。早前我并没有注意到这个

第四章 苏格拉底的处境与修辞学的恢复

声明最让人惊奇的地方,之所以惊奇,尤其是因为它在珀洛斯部分中紧随苏格拉底对"苏格拉底论题"的辩护之后出现:难道没有人预料苏格拉底会说卡利克勒斯必须接受"苏格拉底论题",把这作为通向真正一贯性的唯一道路吗?[140]苏格拉底是否意在表明这个观点是可驳倒的?确切地说,他的声明意味着,反驳该观点会比卡利克勒斯及其同类人所设想的更难。事实上,做到这一点是如此之难,以至于苏格拉底宣称从未遇到谁在反驳"苏格拉底论题"时能避免荒谬。但是,反驳这个观点有巨大困难就等于不可能反驳它吗?是否有人可能拥有足够的能力,通过松动钢铁般坚硬的捆绑,从而达到一贯性?①

---

① 最后这个问题可参考482b7–c3,苏格拉底根据早前评论卡利克勒斯时所说的话所作的自我陈述。这个段落的普遍问题是,虽然另有些评论家有时也注意到苏格拉底声称自己不知道"苏格拉底论题"是否为真,但他们通常并没有把这话当真。比如Jaeger先是指出这看起来像是"苏格拉底在对话中合乎逻辑的犹豫不决",随后却又主张,这里"闪耀出苏格拉底对他的生活的永不磨灭的道德信念,他对生活的终极目标在笃定不易。这种笃定不疑使他拥有了对知识矢志不渝的追求,而这使他永远不可能意志消沉"(《教化》,前揭,卷二,页150;亦参页146–147)。或参考Kahn的观点:"毫无疑问,苏格拉底认为这个矛盾的论题由珀洛斯和卡利克勒斯的反驳得到了确立"(《柏拉图〈高尔吉亚〉的戏剧和辩证法》,前揭,页110;亦参页111–113、118–119;但在第111页,他在引用苏格拉底在508e6–509a7的重要陈述时,却删去了苏格拉底声称不知道他的论点是否为真的说法)。与Kahn一样,McKim也坚持认为苏格拉底相信其观点成立,他坚称苏格拉底"当然"相信他所辩护的立场,在McKim看来,这一观点的真实性已经"超越了论证"(参见《柏拉图〈高尔吉亚〉中的羞耻与真理》,前揭,页47、48;亦参39–46)。还可参考Vlastos,《苏格拉底:讽刺家和道德哲学家》,前揭,页4–5、214–232;Brickhouse和Smith《柏拉图笔下的苏格拉底》,前揭,页30–41、127–128。与我分析相近的是Kastely,《柏拉图〈高尔吉亚〉之辩护》,前揭,页97。

苏格拉底的处境、同化问题和自我保护的问题
（508c4–513d1）

苏格拉底暗示他可能怀疑自己所辩护的立场，但无论如何，[141] 这些怀疑也不会阻止他催促卡利克勒斯重新考虑对苏格拉底式生活的批评（参见 508c4-5："事已至此，让我们来检验你对我的斥责究竟意味着什么……"，亦参 509b1-5 的过渡）。苏格拉底这么做是说得通的，因为正如他所坚持的，一贯性要求卡利克勒斯考察因没有驳斥"苏格拉底论题"而导致的结论（参见 508a8-c3）。苏格拉底催促卡利克勒斯考虑的那些结论，关系到卡利克勒斯责备苏格拉底没能为自己、朋友和家人辩护这件事是否正确（508c5-d4）。

在我们谈及苏格拉底对这些责备的回应之前，此刻应该花点时间去回忆，这些并非是卡利克勒斯对苏格拉底的全部批评。简化从某种程度上只是为了更清晰。卡利克勒斯之所以攻击苏格拉底的生活，不只是因为它无法为自己辩护或辩护本身太弱，还因为它忽略了城邦的事宜，因而显得毫无用处，甚至毫无价值（对照《王制》487b1-d5）。不过，卡利克勒斯的确没有在这两种批评之间做出明确的区分，或许在他的脑海中它们就没有完全被分开过。尽管如此，我们应该注意到，如果只关注无法为自己辩护这个维度，一切就容易多了，因为苏格拉底能够将自己的生活作为遵从"苏格拉底论题"的例子而呈现。①

苏格拉底重申了卡利克勒斯的批评：不能为自己辩护不仅可耻，

---

① 值得注意的是，508c5-8 苏格拉底重述卡利克勒斯对他的批评时，并没有提到任何关于城邦的事情。同样值得预先提醒的是，苏格拉底此后只关注自我保护的问题，而不再谈论家人和朋友。

甚至是所有事情中最可耻的（参见 508d4）。① 卡利克勒斯的批评（尤其以这种方式叙述出来时）表达了一种对于可耻和高贵的关切，因此，苏格拉底才能把可耻和高贵作为谈话的主题，并继续下注——可以如此说——询问何种无能最为可耻。为了处理这个问题，现在苏格拉底依赖他一直在为之辩护的观点。他主张，因不同的无能而产生的耻辱必须由其给人带来的、无法躲避的伤害之大小来衡量（509b1-c3）。[142] 以此为原则，无论何时，如果某人被迫接受一种无能作为避免另一种无能的代价，那么，更高贵的选择必定是避免遭受最大的伤害。同时，苏格拉底再次声明，最大的伤害是行不义而非遭受不正义（509c6-7）。当然，每个人都不想行不义之事，也不想遭受不义之事。但苏格拉底认为，这个愿望仅仅只是一个愿望，因为一个人若想具备能力避开其中一种，就只能让自己遭受另一种。②

　　苏格拉底的论证最初始于对某种能力的关注，该能力的重要性也受到卡利克勒斯的极大重视，这种能力就是免于遭受不义的能力。卡利克勒斯对苏格拉底的如下提议似乎没什么兴趣，即为了避免行不义，我们或许有必要培养一种特定的能力和技艺，它能让人实现苏格拉底所宣称的每一个人的愿望，也就是绝不行不义之事。卡利克勒斯更能接受苏格拉底的另一个提议：有一种技艺能让人们避免或尽可能少地遭受不义，而这种技艺要么让人得以统治城邦（甚或使其成为僭主），要么让某人自己成为执政政权的伙伴（比较 510a6-b1 与 509d7-510a5）。卡利克勒斯热切地接受了这个提议，然而苏格拉底却利用这点展开一个论证，来强调以下两条路径之间的区别：一条路是保护自己免遭不义之事，另一条路是阻止自己行不义之事。苏格拉底放下了

---

　　① 对照《申辩》28b3–5。

　　② dunamin 一词我翻译成"能力"（capacity），其另一含义为"力量"（power）。

某人可能亲自统治城邦这种设想,而仅仅专心研究要怎样才能获得执政政权的青睐。

苏格拉底说,古老而智慧的吸引法则"物以类聚"一直占据着统治地位,尤其是因为,僭主害怕优越者,并鄙视低劣者。所以,要与一个政权(包括暴政)建立真正的友谊,就需要让自己与这个政权同化,让自己拥有和这个政权一样的特性,一起赞赏、一起谴责同样的事情,还要服从他们的政权(510b2-d9)。[143]苏格拉底把这些作为可能占据着一个年轻人的大脑的思路来呈现,这个年轻人正在思考自己如何能够强大到避免遭受不义(参见510d4-9)。轮到卡利克勒斯说话时,他对每一步论证都表示同意,并给出比此前积极得多的反馈。卡利克勒斯甚至可以在这个论证中发现,这个论证阐明了一个已经在他的生活中发挥着作用,却未曾被他彻底意识到的思路。

在向卡利克勒斯展示免遭不义的安全途径后,苏格拉底突然停止顺应他,而回到了行不义的问题。他主张,如果一个城邦具有不义的执政政权,同化就意味着靠近不义,同时它也使人能力犯了不义仍逍遥法外(510e4-8)。或许此时让人意外的是(不过到了这里也没什么好意外的)卡利克勒斯对这个转变的反应,他并非简单地驳回苏格拉底提出的问题。甚至在苏格拉底开始说模仿僭主会损害灵魂,并让最大的恶沾染灵魂之前,卡利克勒斯就表示他很担心模仿不义的政权会变得不义(参见510e9)。卡利克勒斯想二者兼得,即他希望免遭不义的道路也同时容许人保持为义。但苏格拉底的论证分离了卡利克勒斯意图放在一起的两种目的。卡利克勒斯最开始的反应让人难以发现其关切的复杂性:

> 苏格拉底,我不知道你怎么每次都颠来倒去地论证,你不知道模仿不正义政权的人,只要他们愿意,是可以杀了那些不模仿的人,然后掠夺他们的财产吗?(511a4-7)。

尽管乍看起来未必如此，但卡利克勒斯并非简单地站在不义的同化者这边，去反对拒绝同化的正义之人。苏格拉底接着提醒他一种情况，即一个卑鄙小人可能会杀害一个高尚的好人，卡利克勒斯对此的回应立即体现了其关注点中的复杂性（511b1-5）。他惊呼着反问：

这不正是最让人愤怒的事吗？（511b6）

[144] 这个重要回应我们在早前的语境中也考虑过，它显示出卡利克勒斯并非不关心善良之人的命运。在他对苏格拉底的诸多回应中，没有哪个能比这个反应更多地传达他对正义的持续关注。① 而正如我之前提到的，卡利克勒斯的反应也能帮助我们去理解，是什么指引他在那些承诺要解决或移除困扰他的问题的路上执迷不回。我们此前已经考虑过引导卡利克勒斯的思路，比如主张更强者拥有一种权利，它能够消除美德和成功之间的任何鸿沟；他甚至去捍卫快乐主义。但是，当前的部分却可以帮助我们更清楚地看到卡利克勒斯在实践中坚持的解决方法。这种解决方式即朝着一个强大的政权同化自身，即使该政权持有的正义是可疑的，该解决方式坚持一个承诺：人是有可能既拥有美德又不至于变得过于脆弱的。就卡利克勒斯的一生而言，这就意味着效忠雅典，效忠雅典的政权。这也能解释为什么卡利克勒斯最崇拜的是那些他认为效忠这个城邦的伟大公仆，尽管他在最极端的时候也会批评雅典政权。关于雅典政权不义的疑虑可能会继续困扰他，但卡利克勒斯掩埋了这一疑虑，让自己与雅典同化，并服从于它的权力。如果接受一个更纯粹的美德观念，会使善良之人更容易遭受邪恶

---

① 即便 Shorey 把卡利克勒斯描述成"不妥协的非道德主义者"，他也承认，我们在这儿看到的卡利克勒斯"可能暂时放弃了[那个]角色"（《柏拉图说了什么》，前揭，页 149）。

之人的折磨，而这个解决方法却似乎能帮他摆脱由此而来的愤怒和痛苦。然而，正如卡利克勒斯的愤怒所表明的那样，这个"解决方法"不能完全解决问题。他的愤怒是一种标志，表明他仍被怀疑和痛苦困扰，同时也宁可苏格拉底不要再来搅动它们。

卡利克勒斯的反应，"这不正是最让人气愤的事吗？"，暴露了他对正义的持续关切，[145]苏格拉底因此完全有理由敦促卡利克勒斯去倾听自己的这种关切，而不是像先前那样身不由己地被推着去掩埋或扭曲它。换句话说，苏格拉底有某种权利采取行动，虽然这一行动在另一方面看来对卡利克勒斯的观点显得不公平：苏格拉底表现得好像卡利克勒斯热切地接受同化原则完全是受一种追求安全且避免痛苦的关切，以及一种尽可能长寿的欲望所驱使。苏格拉底表现得好像也正是由于这些关切，才使得卡利克勒斯敦促苏格拉底去实践一种能够让人在法庭上保全自己的修辞术（511b7-c2）。然而，卡利克勒斯尽管说了那么多话，却从未给过这样的建议。苏格拉底正在描述一种立场，这种立场的驱动力主要在于关切一个人是否有能力为正义之事而斗争——尤其但不仅仅是为了与自己有关的正义之事——然而看起来却又仿佛只是懦弱地关心自身安全。①

通过这种方式来描述卡利克勒斯的立场，苏格拉底就能把他使卡利克勒斯为之辩护的法庭修辞技艺与其他"拯救式技艺"做对比，由此削弱法庭修辞技艺的高贵性（见 511c3）。苏格拉底用来对比修辞技艺的包括游泳、驾船和工程制造，所有这些都能让人们免于危险。围绕这些"拯救式技艺"所做的论述中，关于驾船技艺的讨论最能体现苏格拉底的论证精髓，这也是三种技艺中他着墨最多的技艺。尽管船长保护人们的生命和财产使其免遭最可怕的危难，但苏格拉底认为

---

① 对照《申辩》28b3-9。

第四章 苏格拉底的处境与修辞学的恢复

船长帮助随行的人免于沉船溺水时,并不确定他会帮到谁,因而他一直保持谦卑。苏格拉底说,船长知道他并没有提升同船乘客的灵魂,他也意识到"对一个悲惨的人来说,活着并不是一件更好的事"(511d1-512b2)。从这个虚构的船长观点中,我们可以看到苏格拉底贬低仅仅关注活着的态度。而在把卡利克勒斯的立场降低为仅仅关注"只是活着"之后,苏格拉底采取一种极端的方式来看待仅仅关注活着这种动机的卑贱,以此攻击卡利克勒斯关于法庭修辞技艺具有崇高性的观点。[146]于是,修辞家再也没有理由鄙视他所认为的次于他的人的那些低等技艺了。任何认为修辞术和其他拯救式技艺之间有差别的想法,或任何显耀修辞术的做法,现在都显得是出于修辞家以及像卡利克勒斯这类拥护者自身的无根据的优越感(512b3-d6)。

但该论证的要点不在于责备卡利克勒斯的优越感,而在于规劝他欣然接受一种并不是非常重视保护生命的美德观念:

> 想一下吧,你这个幸运儿噢,高贵和优良只不过是拯救和被拯救。因为至少,真男儿就必须放弃活到某个特定岁数的想法,且不能依附于生命。相反,应该将关于这些事情的东西交付给神灵,并相信女巫的说法——没有人能逃脱自己的命运,他必须弄明白命运的背后到底是什么:他将以哪种方式生活才是最好?完全让他与其栖居的政权同化会怎么样?那么,现在如果你打算成为它的亲密朋友并在城邦中拥有巨大权力,你应该尽可能与雅典民众相似吗?考虑一下这样是否对你我都有益,那么,机灵鬼噢,我们不应该遭受塞萨利女人因摘下月亮所遭受的一切:在这个城邦中,我们对权力的选择将以我们最珍贵的东西为代价。(512d6-513a7)

在这个陈述之后,苏格拉底继续劝告卡利克勒斯放弃同化之路,强调只是部分地同化不可能获取权力（513a7-c2）。结尾处，苏格拉底奇怪且亲密地称呼卡利克勒斯为"亲爱的头儿"，他对卡利克勒斯的劝告是一种友好的尝试，意在劝说他重估自己的生活以及苏格拉底式的生活。

苏格拉底的劝告对卡利克勒斯并非没有影响。有一刻，苏格拉底收起了平时的讽刺，而卡利克勒斯则回以诚实甚至苦涩的答复：

> 在某些方面，我还有点不清楚，但我认为你讲得很好，不过我也因多数人会有的体验而感到痛苦——你并没有完全说服我。（513c4-6）①

[147] 鉴于我们在卡利克勒斯身上看到他对正义和高贵品质的关切，因此他被苏格拉底的告诫触动也是可以理解的。至于他没有完全被说服，苏格拉底这样解释：

> 卡利克勒斯，你的灵魂中对民众的爱反对着我。（513c7-8）

我们很难讲苏格拉底如此惊人的评论想表达什么。但要充分理解这个评论，我们最好想一想卡利克勒斯如何选择自己的生活，以及这种选择带来的结果。在他们对同化的讨论中，苏格拉底和卡利克勒斯与其说是在谈卡利克勒斯未来面临的决定——苏格拉底有时会表现得如此——不如说是在谈论卡利克勒斯已经走过的路。虽然，影响卡利克勒斯生活的那些关切远远比一个保护自己的简单欲望更复杂，但是

---

① 对照 Benardete，《道德和哲学中的修辞术》，前揭，页93 的说法："卡利克勒斯赞扬苏格拉底的话，但这赞扬并不带什么情感"。在我看来，这一说法误判了卡利克勒斯回应的语气，以及对话中这一刻的戏剧性意义。

他仍然让自己与当前的政权同化,这个政权在雅典就是指雅典民众。尽管他偶尔会表达对雅典民众的不屑,然而他最大的志向还是跟随那些雅典政治家的脚步,因为在他眼里他们能够很好地服务于雅典民众。虽然卡利克勒斯没有完全意识到,但是他对人民产生了一种情感,这种情感甚至可以描绘为某种形式的爱。我们要理解这种情感,就要看到卡利克勒斯对正义的依恋,并看到他在美德脆弱性问题上的挣扎与这种依恋之间的联系,不过尽管如此,这种情感仍旧成了他接受任何会对他的所爱造成挑战和威胁的美德观的障碍。①

[148] 至于苏格拉底自己——他的生活也是该部分的一个主题(参见 509c4-d4,511b7-c2,513a3-7)——在这部分中,他在这里显得是一个高贵英勇的角色,蔑视那些只关乎自我保护的关切。② 但我们能就此得出结论说,终于在此找到了关于苏格拉底信念的直接表达

---

① 苏格拉底关于卡利克勒斯对民众(dēmos)的爱的陈述,给一些评论者带来了问题,在这些评论者眼里,卡利克勒斯更多是一个蔑视雅典民众的贵族。比如,参见 Barker,《希腊政治理论》,前揭,页 71-72;Romilly,《伯利克勒斯时期雅典的伟大智术师们》,前揭,页 120, 158-161;Dodds,《高尔吉亚》,前揭,页 13-14;Kastely,《柏拉图〈高尔吉亚〉之辩护》,前揭,页 101-102。在这些评论者中,只有 Dodds 提到了苏格拉底的陈述,他设法为这句陈述找到说得通的解释,于是就把卡利克勒斯对民众的爱解释成"这事实上是对权力的爱"(页 352)。更公允的观点,见 Newell,《统治的热望》,前揭,页 12-13, 35-37。

② Kahn,《柏拉图〈高尔吉亚〉的戏剧和辩证法》,前揭,页 96,他被这一部分打动并认为苏格拉底"无畏地面对危险,并最终为正义事业和对道德原则的忠诚献出了自己的生命"。他论证说:"苏格拉底的基本论点是:美德才是我们的真正所欲、我们真正的善和幸福。他称这个论点在辩证法上无懈可击。与此相应,柏拉图则以戏剧的方式把苏格拉底的肖像作为该基本论点的具体体现。"(113) 对于这部分由苏格拉底本人描绘出来的苏格拉底形象,还有一些人也表达了类似的仰慕,见 Friedländer,《柏拉图》,前揭,卷二,页 270-271;Jaeger,《教化》,前揭,卷二,页 147-148。

吗？他用以告诫卡利克勒斯的观点也是他自己生活的基础吗？可以确定的是，苏格拉底的生活不能视作一个受同化的模型。同样可以确定的是，苏格拉底并不曾不计代价地将安全视作一种引导好生活的原则。在《申辩》中，他对其生活的描述表明，他冒着巨大的风险在过自己的生活。① 但是，他在《申辩》中的描述也表明，他并不像有时表现出来的那样贬低对于自我保护的关切。② 在《高尔吉亚》的这部分中，我们有理由对是否要把苏格拉底的口头所说视为他的最终定论表示迟疑。也许最重要的是，苏格拉底在表达其核心告诫时，力劝卡利克勒斯相信"神灵"以及一部分老妇人的民间智慧（参见 512e2-4）。③ 可是我们就得认为这些在苏格拉底眼中是最合理的指引吗？或毋宁说，我们先前对于苏格拉底是否接受"苏格拉底论题"的怀疑，也应该让我们继续怀疑此处他是否真的像看起来那样轻视自我保护的观点？[149] 与此相关，值得疑惑的是：眼下苏格拉底谴责法庭上使用的修辞术，是否真的像他的语调所显示的那样，是一种严厉彻底的谴责？如果我们不受他严厉的口吻所左右，那么苏格拉底的论证不也导向一个猜测，即应当视法庭上使用的修辞术为虽然低微但却必要的？苏格拉底的确表示，对美德的考虑高于对保护生命的单纯考虑，因此保护生命的技艺没有什么好高抬的。但苏格拉底的论证也容许人承认生命应该有其重量，至少对那些拥有美德的人以及拥有好生活的人的确如此。这或许可以帮助我们解释，为什么苏格拉底会把种种保护生命的技艺称作真实的技艺。

---

① 参见《申辩》23b7–24b2, 28d6–29a1, 37c4–e2。
② 对照《申辩》28b5–30c1 和 32e2–33a1；亦参 31c4–32c3。
③ 对照 Brisson，《柏拉图，神话制造者》，前揭，页 57。

卡利克勒斯和他的英雄们，真正的修辞术，以及苏格拉底的真正政治技艺（513d1–522c3）

之前的对话提供了一幅关于苏格拉底生活的画像，至少是其目标之一。就这幅画像来看，苏格拉底所过的生活显得与同化的生活相反，指引这种生活的是活得好而不是活得长久。不管这种陈述本身有什么好处，它都使得哲学的生活显得与城邦的生活相冲突。出于这个理由，该陈述至少会遭到一些人的抗议，他们就是如卡利克勒斯一般十分重视为城邦服务的人。在这方面，我们可以回想：卡利克勒斯对哲学的控诉，苏格拉底只接受了一部分，即他接受的是哲学易受攻击，而非哲学毫无用处。苏格拉底从未明确地处理过这部分指责，之前他可能只是含蓄地涉及。接下来，我们会在这部分对话的结尾看到苏格拉底著名的宣称，即，他实践着真正的政治技艺。然而，我们需考察该宣称的确切意义，并去查看该部分的真正目的是否在于表明，当哲学和城邦都被恰当地看待时，它们之间就存在一种和谐。

[150] 这一"新的"部分实际上是回到了早前的论证路线。苏格拉底回到了两种追求的划分，第一种追求在于通过快乐获得满足，第二种在于"朝着最好的方面奋斗"（513d4-5）。苏格拉底这样做，要么是为再次批评卡利克勒斯的英雄做准备，要么是为了回到先前的论证路线，因为他在描述美德以及劝告卡利克勒斯将美德置于保全生命之前时，那条线暂时退到了幕后。苏格拉底退回之前的论证路线，最明显地体现在，他接下来说的话需要依赖先前已经达成的一致意见（如，参见513d1-8，513e5-514a3）。但从他离开如何保护灵魂纯洁性的问题而回到政治的恰当任务是什么，我们也可看出这一点。苏格拉底再次提出，政治应该以提升其公民为任务。基于这个任务，苏格拉

底将要评判卡利克勒斯的英雄们。

然而，在苏格拉底这么做之前，他先攻击了卡利克勒斯本人。苏格拉底对卡利克勒斯的攻击采取了苏格拉底所建议的测试法。他指出，在私下或小规模实践自己的技艺之前，没有人会接受重大的公共任务。在着手公共项目之前，任何有能力的工匠都应该援引私下的诸多成就作为证据，比如他们完成的建筑或是治好的病人（514a5-e10）。同样的原则也应适用于政治技艺。苏格拉底说，任何想要参与政治的人都应该援引他提升过哪些公民灵魂作为证据。因此他将这一测试应用在了有政治雄心的卡利克勒斯身上：

> 我们不用相互测试吗？那就来吧，卡利克勒斯是否已经让哪位公民变得更好？无论那个人是异邦人还是本邦人，是奴隶还是自由人，他是否从前卑劣，比如不正义、无节制、不明智，后来却因为卡利克勒斯的帮助而变得高贵又善？（515a4-7）。

正如一个建筑师可以展示他所设计的私人住宅，对卡利克勒斯而言，如果要证明他有资格参与政治，那他就应该指出他改变过哪些灵魂。但这却是卡利克勒斯必须承认自己做不到的事（515a7-b5）。

[151] 苏格拉底此处的论证表明，公共场合或者说城邦比私人领域所处的位置更高、更重要，在私人领域中人们被当作一个个的个体：私人领域显得只是公共领域的训练场。但苏格拉底的论证也会促使我们追问，是否有可能分别在这两个领域中完成相等的事情。情况是否并非如此，即，我们能够在私人领域获得更有限但却更深刻的成果，尤其在提升人的灵魂这件事上？如果说苏格拉底当前的论证，其主要目的在于给卡利克勒斯的政治志向泼冷水，那他的论证也指向了一个特定问题。这个问题在此前曾以其他形式提及，也就是，苏格拉底关于观众规模以及公共演讲能够实现什么的提问（参见454c7-

455a7）。苏格拉底通过再一个论证让我们反思相同的问题，这可能是为了敦促他的观众在听他讲述卡利克勒斯以及他的英雄时，仍旧将这个问题记在脑海。

我们同样应该记住的还有，不只卡利克勒斯的政治志向及其英雄们的政治活动是成问题的，苏格拉底本人的政治活动也同样成问题。对此，值得注意的是，苏格拉底并没有把测试卡利克勒斯的问题拿来测试自己，尽管有那么一会儿，他引导我们觉得他打算这么做（参见514a5-b3，515a1-4）。苏格拉底话到嘴边，但却没有再往下说，这也让我们想知道他本人将如何被评判。然而，对苏格拉底而言，问题并不在于他会像卡利克勒斯那样在测试上失败。情况几乎恰恰相反：如果苏格拉底可以通过卡利克勒斯未能通过的测试，援引他提升过的灵魂作为证据，那么随即而来的问题将是，为什么他不向前一步，在公共生活中发挥他的能力。① 苏格拉底终究会让这个问题浮出水面并得到明确解决。然而在此之前，他可以为我们提供一些不那么明显的迹象供我们考虑，这些迹象应该影响到我们如何接受他的确切答案。

[152] 但是，苏格拉底对卡利克勒斯的测试或许只是一个简短的前奏，以便对卡利克勒斯的英雄们进行更长且更重要的批评，这些英雄就是伯利克勒斯、喀蒙、米太亚德和泰米斯托克勒。要在政治上表现得卓越需要哪些特质，而谁又是真正的模范呢？由于卡利克勒斯本人在政治上的种种失败使这些问题难以得到定论，所以苏格拉底有理由转向他的英雄们。苏格拉底重申政治的真正任务是让公民们变得更好，并将此作为批评那些英雄的准备。的确，在苏格拉底看来，让公民变得更好应该是当政者的唯一关切（参见515b8-c3）。但苏格拉底所谓的让公民变得更好究竟意味着什么？当政者应该让他们逐渐形成怎样的美德呢？

---

① 对照《申辩》，31c4–7。

苏格拉底首先将其目光对准了伯利克勒斯,他是雅典帝国最伟大的领导者,也是卡利克勒斯最敬仰的领袖。苏格拉底提出的问题是,在伯利克勒斯任期结束时,雅典人是否比他刚上任的时候要好。不出我们所料,卡利克勒斯开始为伯利克勒斯进行辩护,而此时的苏格拉底则看似站在传统主义者这边,他认为伯利克勒斯让雅典的美德沦丧。① 在重述了他所听闻的别人对伯利克勒斯的责备之后,苏格拉底开始以自己的名义谈论伯利克勒斯的从政生涯。苏格拉底认为,在伯利克勒斯执政早期,他在雅典人民当中享有很高的声望。但在他生命快结束之时,也就是据称他已经让雅典人变得高贵而善良之后,他却受到偷窃的指控,并差点断送了性命(515e10 -516a4)。[153] 苏格拉底只字不提伯利克勒斯后来重返政坛的事实,忽略当时造成其困境的状况,包括一次严重的瘟疫,②他将伯利克勒斯比作看管动物的人,而他的畜群或兽群已经变得更野性、更难以控制,甚至对待他这个看管者也是如此(516a5-d3)。苏格拉底接着把卡利克勒斯的其他英雄也包括进来,继续进行比较:喀蒙被雅典人放逐;泰米斯托克勒也被驱逐流放;米太亚德几乎要被雅典人扔进斗兽场(516d5-e2)。苏格拉底对卡利克勒斯说:

---

① 苏格拉底说,他听闻伯利克勒斯让希腊人变得懒散、胆小、贪嘴、贪婪,而卡利克勒斯则回应说,他肯定是听那些"有着花菜耳的人"说的(515e4-9,参考 Dodds 建议的翻译)。这个奇怪的表达指的是雅典的传统主义者,他们保留着"斯巴达"品味,比如崇尚简朴、崇尚拳击和摔跤等男人气的活动。他们批评伯利克勒斯式把雅典带向奢华和欲望的放纵。有关这个政治分歧更有趣的描述,可参考阿里斯托芬《云》当中,发生在"正义的演讲"和"不正义的演讲"之间的争论。也可参考《普罗塔戈拉》342b6-c3;Kagan,《最伟大的对话》,前揭,页 75、131;Seung,《重现柏拉图》,前揭,页 6-7;Benardete,《道德和哲学中的修辞术》,前揭,页 95。

② 对照修昔底德《伯罗奔半岛战争史》2.47-65。

如果这些人真是你说的好人,他们就永远不会遭受这些事情。一个优秀的双轮战车驾驭者不可能在一开始没从战车上摔下来,却在训练他们的马驹并成为更好的战车驾驭者之后摔下来。(516e3-6)

苏格拉底此处的论证难以公正或充分地证明伯利克勒斯、喀蒙、米太亚德、泰米斯托克勒不是好人。苏格拉底对这些英雄职业生涯的描述过于简短,以至于遗漏了很多相关的和可用来为他们辩解的信息。① 而且,苏格拉底用于否定这些职业的标准也看似不合理。[154] 他的论证没有涉及运气在政治事务中所扮演的角色。同时,也没有承认人类本性的局限,这种局限会限制所有政治领袖努力在其统治之下重塑人类时所能取得的进步。或者,苏格拉底的确表现得在某种程度上承认政治领域所能取得的成就有限,因为他所说的改进仅限于在公民身上培育某种似乎纯粹由温顺构成的正义(参考516b7-c4)?苏格拉底用看管者照顾动物和战车驾驭者的类比,难道是认为,好的政治原则的教化效果和某类驯化的效果并没有那么

---

① 苏格拉底对卡利克勒斯心目中的英雄们的成就谈论甚少,但是没有这些成就,雅典就不可能崛起、强大,甚至不可能生存下来。在谈到这些人面临的麻烦时,苏格拉底也没有解释当时复杂的战乱环境。在那样的环境下,他们有时不得不采取一些不受欢迎的策略。比如,苏格拉底就没有提到米太亚德和喀蒙带领雅典人打赢波斯人的伟大胜利,而只关注他们后来面临的困难,他还放大了雅典人对他们的敌意。他也没说喀蒙在预定的十年流放期结束前就被雅典人召回了,还有米太亚德也只是被罚了五十塔兰特(talents)[译注:塔兰特为古希腊的重量及货币单位]。Irwin,《高尔吉亚》,235 说苏格拉底的说法是:"对我所知道的历史情形的歪曲"。Dodds,《高尔吉亚》,前揭,页355-359 也强调了苏格拉底的叙述经过高度选择,刻意"从尽可能最坏的方面来看待这些雅典人的行为"。亦参 Seung,《重现柏拉图》,前揭,页 2-5 的讨论。

不同？

如果说，苏格拉底将政治中能够实现的美德仅仅规定为某种温顺，这意味着他的论证并非简单的不切实际，而是理想主义和现实主义复杂的混合，那么，相似的情况还出现在他那著名的论证结尾。事实上，该论证最重要也最让人意外的就是苏格拉底的结论：

> 所以之前的论证（logoi）似乎为真，在这个城邦里，没有人能够在政治事务中成为一个好人。你[卡利克勒斯]同意在当下没有这样的人，在早期的人物中，你倒是说出了几个。但他们却显得等同于当下这些人，所以，如果这些人是修辞家，他们使用的既不是真正的修辞术——否则他们就不会下台——也不是谄媚的修辞术。（516e9–517a6）

结论中有几个方面重要且令人吃惊，尤其是苏格拉底的最后几句话。其一，苏格拉底在这里表明，对于卡利克勒斯的英雄，他最深刻的批评不在于他们是谄媚之人。苏格拉底甚至否认他们使用过"谄媚的修辞术"。然而这也让人困惑，因为可以肯定的是他们中有某些人，比如伯利克勒斯，运用过苏格拉底之前称之为谄媚的修辞术。①那么，苏格拉底否认他们是谄媚之人又想表明什么呢？[155]苏格拉底此处似乎正在指向另一种"谄媚"，它与之前对话中批评过的那种修辞术的特点不一样，对此处的这种"谄媚"他并未表现出相同的鄙夷。苏格拉底这里对某种形式的谄媚表现出开放的态度，这应该也能帮助我们察觉他不再贬低有关自我保护的关切了。如果不赋予自我保护以某种程度的重要性，苏格拉底的论证就说不大通，因为他强调卡利克勒斯的英雄们为自己带来了麻烦。苏格拉底甚至论证说，就"真正的修

---

① 苏格拉底之后将会把这些英雄们的典型活动视为谄媚，见521b1。

辞术"而言，自我保护是其目的，或至少是目的之一，对这种修辞术的运用将使卡利克勒斯的英雄们避免下台。实际上，这种表达确实太不协调了，一些编者甚至希望修改文本，删去如下相关部分——苏格拉底暗示真正的修辞术与谄媚的修辞术至少有一个相同的目的：两种修辞术都应该保护其实践者免于下台。① 如果我们将这一主张与苏格拉底关于好政治家的正确目的放到一起，那么浮现出来的更完整的主张则是："真正的修辞术"意在驯化公民，或使他们变得更温顺，这样做的原因之一就在于要保证修辞家的安全。该主张认可了自我保护的重要性，也承认能为这个目的服务的修辞术即是有用的，即便它也许是一种谄媚形式的修辞术。我们因此就会问：当前这部分的真实目的，莫非就在于使苏格拉底顺势推进，勾画出有利于某种特定修辞术的论据？因为若不然，这部分就显得只是对四位功勋卓著的政治人物明目张胆的不公评判了。

在这里我们就要看到修辞被修复或得到正名了，可是，苏格拉底再次采用了他先前批评修辞术时用过的策略，似乎又证明我们想错了。[156]苏格拉底将在一个很长的演讲中重复这个策略，在这个演讲中他回应了卡利克勒斯代表其英雄的再次抗议（参见517a7-b1）。苏格拉底重复运用这种策略时，表现得像是因为要返回一个本该清晰的要点而感到单调乏味一样，"我们一直都在谈论，却又总是回到相同的问题上"（517c5-6），但实际上，他在原有的策略中做了某些重要的改变。

当然，这一策略就是区分从属于灵魂的追求和从属于身体的追求，接着再将它们归入好的追求和坏的追求。苏格拉底此处所用的策

---

① 如果采用 Meiser 的说法，在 517a6 的 tē kolakikē 之前填补可能的遗漏，将会削弱这个主张的有效性。关于这一说法的讨论，参见 Dodds,《高尔吉亚》，前揭，页 360。Dodds 受 Meiser 的说法吸引，但最终并没有采用它。

略与先前的版本不太一样,最重要的区别在于,它不再那么明显地从谄媚的欺骗性使用来辨认那些"坏的"追求,而是更多从为欲望服务的技巧来辨认它们(参见517c7-d5)。然而,苏格拉底提到的欲望是指饮食和穿衣,也就是人们重要的需求,因此不太清楚的是,他在多大程度上真的谴责这样的追求。① 无疑,在说到服务于灵魂的欲望时,对诸如烹饪、制鞋、编织等追求,以及与它们对应的、服务于灵魂欲望的种种追求,被给予了过多的强调;似乎它们就是成为照顾身体或灵魂的唯一或最高形式(517d6-518a1)。不过苏格拉底的重点不在于说这些追求不好,而是说它们理当从属于主人技艺,主人技艺知道什么对身体或灵魂是好的(518a1-7)。如果说这个论证暗示了"服务性技艺"(serving arts)的低微,那么它同样暗示或承认了它们的必要性。② 由此,我们不应该对苏格拉底公开将它们当作技艺感到惊讶,即便他在原来的策略中拒绝这样称它们(比较517e4-7和464e2-465a6)。这些技艺可能缺乏独创性和独立性,从而显得不自由,但它们仍然是技艺(参见518a1-3)。苏格拉底将服务性技艺放在一个适当的等级体系中,[157]它们在此体系中将担任主人技艺或支配它们的那些配套技艺的助手(518a3-5)。如果我们将这一提议运用于修辞术(参见518a5-6),正如苏格拉底力劝我们做的那样,那么对修辞术的批评就只是,它往往打破这种秩序,声称自己是自主的或者拥有主导权。如果加以正确的引导,修辞术可能会成就一些有价值甚至是必要的事。是的,一种接受这种引导的修辞术将有别于通常使用的修辞术。③ 因此,我们或许最好将苏格拉底的主张看作

---

① 值得注意的是苏格拉底先前关于化妆品的例子,它没有出现在苏格拉底此时的清单中。

② 参见Kastely,《柏拉图〈高尔吉亚〉之辩护》,前揭,页104。Kastely也强调,这段文字开始对修辞学采取一种更开放的态度。

③ 对照Black,《柏拉图修辞之所见》,前揭,页366。

是在提倡一种更好的秩序，或者说，提倡修辞术与知道什么对灵魂有好处的主人技艺之间的某种联合。但对于这种联合当中优于其同伴的主人技艺的特质，苏格拉底没有说那么多。此处，他的首要目的似乎只是为了指明修辞术可以扮演一个重要的角色，即便是从属意义上的。

然而，如果说苏格拉底是在恢复修辞术的名誉，那么，他是要将这种恢复嵌入对上述英雄的不断批评中。这些被描述为公仆的英雄，他们的主人技艺不在于去分辨什么是灵魂中的善，而在于知晓公民最具破坏性的欲望是什么。苏格拉底特意将这些雅典帝国的英雄刻画成这样一些人——他们肆意地喂养着这个城邦的欲望，放任那些隐藏的疮疤肿胀、溃烂（518b2-519a7）。① 苏格拉底预测，雅典帝国主义开创者们所犯下的罪恶将报应在他们的后代头上，因为像泰米斯托克勒、喀蒙、伯利克勒斯这些人所发动的恶，将在包括阿尔喀比亚德和卡利克勒斯本人在内的这一代人身上变得明显（参见 519a7-b2）。苏格拉底警告卡利克勒斯，他们这一代人正处于危险当中，然后做出一个奇怪的过渡，[158] 他开始批评过去和现在的所有政治人物。苏格拉底似乎在暗示，可能落到这代雅典领袖身上的责难是不恰当的，紧跟着苏格拉底又说，政治领袖时常抱怨他们遭到其所服务城邦的不公正对待，这是很荒唐的。这些人声称他们对城邦行善，换回的却是不公正的待遇。苏格拉底论证说：

这都是胡说，没有哪个城邦的领袖会被他所领导的城邦报以

---

① 苏格拉底此处对雅典帝国主义的强调，把米太亚德排除出了当前的批评（参见 519a5-6）。因为米太亚德与卡利克勒斯心目中的其他英雄不同，其他英雄都在雅典帝国的崛起中扮演着各自的角色，而米太亚德则属于雅典早期非帝国主义的时代。

不正义的打压。(519b8-c2)

苏格拉底认为,这些政治领袖的抱怨类似于那些智术师所为,自称是美德老师的智术师在受到学生的不公正对待时,却只是转向抱怨学生。然而,无论是政治领袖还是智术师,都不可能指责他们的"学生"待他们不公而不同时削弱了关于自己是美德老师的宣称(519c2-520b8)。

苏格拉底此处的论证包括了对雅典帝国主义的严肃批评,尤其是像伯利克勒斯这样的领袖,他们通过激起雅典人的热情,在雅典创造或至少是加重了一种狂热的疾病。就这个层面而言,苏格拉底简洁坦率的论证可以说是对雅典政治的真实批评,这种政治促成了雅典的强权,却也引发了雅典的衰落。[1] 尽管如此,我们还是难以接受苏格拉底的论断,他认为这些遭到不公正待遇的政治领袖的抱怨实在是极度不理智的表现(参见519b3-4,d1-5)。如此一来,就那些一般的政治领袖和卡利克勒斯的个别英雄而言,[159]苏格拉底批判他们的标准比以前更加极端。要想接受苏格拉底的论证,不仅必须相信美德教育是可能的,还要相信它简单易行,并相信政治领袖可以向全体民众提供一种教育,这种教育就像智术师给个体提供的教

---

[1] 要了解更多有关苏格拉底对雅典帝国主义的批评,参见 Seung,《重现柏拉图》,前揭,页 2-4;Saxonhouse,《柏拉图〈高尔吉亚〉中未明言的主题》,前揭,页 165-167;Dodds,《高尔吉亚》,前揭,页 32-33;Nichols,《柏拉图〈高尔吉亚〉中正义的修辞术》,前揭,页 146-147;Villa,《苏格拉底的公民身份》(*Socratic Citizenship*),页 34。苏格拉底对伯利克勒斯的批评应该拿来与修昔底德更全面、微妙的批评作比较。比如,可以根据修昔底德对伯利克勒斯从政生涯(2.65)的叙述来思考修昔底德对伯利克勒斯的评价。《美诺》93a2-94b8 确认了苏格拉底在《高尔吉亚》中对伯利克勒斯的尖锐批评并非他的最后定论。

育一样。苏格拉底本人也承认这些攻击的最根本前提,即让别人变好是可能的,是成问题的,那么,他攻击这些政治领袖的目的究竟是什么?①

苏格拉底攻击中的极端性在某种程度上可以促使我们思考这种攻击是否真的合理,并因此进一步考虑:政治的领导才能是否能够合理地完成苏格拉底此处提出的要求。也就是说,通过把自己的论证推到极致,苏格拉底或许希望让至少一部分人去怀疑他显得正在为之辩护的立场。我们可以集中来看一个具体的问题,它由苏格拉底对政治领袖和智术师的类比而引发:政治活动是否会对其"学生"产生像私人教育一样意义深远的效果,尽管它的范围比诡辩术更广?或者,苏格拉底将政治领袖同智术师进行比较,一边模糊一边指出二者的差异(参见520a3-b3),是为了鼓励[160]大家反思包括真正修辞术在内的所有政治活动必须屈服于其下的局限性?我们在此应该回想起之前的问题,政治领袖可能实现的"驯养"尽管确实有几分值得称赞,但这与向人们灌输真正的美德是一回事吗?还有由苏格拉底早前承认政治领袖必须面对一大群人发言而带来的问题。苏格拉底这看似越来越不

---

① 在一些篇章中,苏格拉底就政治能够成就什么给出了更清醒的评估,参见《王制》487e7–489a2,《申辩》31d6–33a1。在我看来,太多评论家只是顾着赞赏苏格拉底关于政治领导的论证,而没有就该论证的充分性提出质疑。比如参见 Barker,《希腊政治理论》,前揭,页 139–143;Taylor,《柏拉图》,前揭,页 125–127;Shorey,《柏拉图说了什么》,前揭,页 146–152;Jaeger,《教化》,前揭,卷二,页 149–150;Friedländer,《柏拉图》,前揭,卷二,页 270–271;Voegelin,《柏拉图》,前揭,页 38;Kahn,《柏拉图和苏格拉底式对话》,前揭,页 131。那些质疑苏格拉底论证的人包括 Arieti,《柏拉图哲学式的〈安提俄珀〉》,前揭,页 199;Kastely,《柏拉图〈高尔吉亚〉之辩护》,前揭,页 102–103;Vickers,《修辞学之辩护》(*In Defense of Rhetoric*),页 89–90。Vickers 的批评就是一个例子,证明苏格拉底的批评者比其拥护者更加富有洞察力。

合理的对政治领袖的谴责,莫非是在间接地和伪装性地反思政治的局限性?如果是这样,这种反思就应该和恢复修辞术的名誉相结合,后者同样在该部分贯穿始终。因为政治的局限性不仅对理解修辞术的必要性很重要,还必然影响着真正的或高贵修辞术的特性。是否有什么修辞术(甚至是苏格拉底所指向的真正的修辞术)能完全摒弃一切形式的谄媚和所有对欲望的服务——前者包括赞扬可能并非为真的美德,后者包括为不完全合理的欲望服务?这些考虑可能会进而帮我们更深层次地理解为什么苏格拉底本人要远离政治,为什么他会推荐一种新的修辞术而自己却又不愿去使用。由于苏格拉底对政治的拒绝是这部分对话的潜在问题之一,所以,可以理解他想至少暗示一下他如此选择的理由。①

然而,苏格拉底不希望这些考虑显得特别清晰明显也情有可原。其中一个原因是,他对政治的回避会招致危险,即便他援引政治的局限性作为理由,在某些人看来,[161]他仍然离弃了自己的责任,也就是去完成政治生活中可能完成的、有限的善。② 苏格拉底批评卡利克勒斯的英雄以及一般的政治领袖,这就将他自己置于一种微妙的立场上。从表面看来,苏格拉底的论证似乎要得出这样的结论,即一个

---

① 在苏格拉底明确描述他将要转向的生活时,他评论了被雅典人视作祝福和有益的快乐,那时他说:"我既不羡慕提供这些的人,也不羡慕接受这些的人。"(522b6)

② 在520e2-5,苏格拉底提请我们注意常见的或传统的信念(参见 e4 的 nenomistai):当涉及一个人如何能够尽可能地变好,或者如何能够最好地管理一个家庭或城邦这类问题时,别人不给钱就拒绝提供建议的做法是可耻的。苏格拉底提醒人们注意这种信念,这一事实比他对该信念的解释有说服力要更意味深长(参见 520e7-10)。把这部分与《王制》346e7-347d8 比较。同样的问题可参考卡利克勒斯蔑视智术师的表述(520a1-2),那段表述应置于更广泛的语境中,并且参考卡利克勒斯早前对哲学的批评来看。同时也值得考虑《王制》420b3-421c6、487b1-d5 和 519b7-520d4。

人只应为了努力实践具有美德的政治形式才去参与政治,其目的在于促使公民变得更好;对那些接受这个结论的人来说,即便怀疑达到完美是否可能,也不应该就此放弃尽力去做能做的事。苏格拉底在此节骨眼上绝不敢让人过多关注这样一个事实,也就是,他自己的生活是私人的生活,而非政治的生活。事实上,苏格拉底不会只是简单地对这个"事实"保持沉默,他将明确回到有关自身处境的问题,并声称,自己与他所批评的人不同,他本人实践的正是真正的政治技艺。因此,苏格拉底早前批评卡利克勒斯的英雄们,显而易见是在为这个引人注目的声称做准备。因为这样的批评能让他接近有关他自身处境的问题,在刻画了最伟大的雅典人没能成功地实践本该实践的政治后,苏格拉底可以此为背景,声称自己的行为与之相反。与这一做法一致的是,当他向卡利克勒斯指出一个把对话带回有关自己生活的问题时,最重要的较量不再发生在私人的哲学生活和政治生活之间,而是在两种政治生活之间:

> 那么,请你为我定义一下,[162]我应该以什么样的形式照顾城邦:我应该像一个医生一样,与雅典人对抗,以便让他们成为尽可能最好的人,还是应该扮演一个公仆的角色,以令其满足为目的来指引我们的关系?(521a2-5)

我已经提到过,苏格拉底对这些英雄的批评表现出一种微妙的企图,他既想揭露也想隐藏这种企图。这样的企图也同样存在于他对自身行为的描述中。苏格拉底让卡利克勒斯置身于无可回避的选择中:是劝他努力提升雅典人,还是劝他服务于他们的欲望。于是苏格拉底就可以责备卡利克勒斯的劝他去服务雅典人的欲望这一可预见的选择:

最高贵的人啊,你这是要我去做谄媚的事。(521b1)

而卡利克勒斯更进一步的反对被苏格拉底终结了,因为苏格拉底让话由卡利克勒斯本人之口说出,由此就能把注意力转回到安全和危险问题上:

> 卡利克勒斯,不要重复那些你已经说了很多遍的东西,也就是(如果我不做你鼓励我做的事)只要别人愿意就可以杀了我,以免我会反过来说,这将是一个卑鄙之人杀害一个善良之人。也不要说他会拿走我所拥有的东西,以免我会反过来说,不管他拿到了什么,他都将不知如何使用。而且,正如他以一种不义的手段从我这里拿走这些东西,一旦他拥有了这些东西,他就会以一种不义的方式使用它们,这种方式是不义的、可耻的。如果是可耻的,那也就是糟糕的……我深知这一点,如果我被法庭传唤,说我带来了你所说的这种危险,那么我的指控者将是一个卑鄙的人——因为没有哪个正直的人会控告一个没有行不义之事的人——因此如果我死了,也没有什么好奇怪的。你想知道我是如何预见这些事情的吗?(521b4-c2,c9-d4)

苏格拉底似乎再次对他所处的危险情境嗤之以鼻。但是他当然没有否定危险,也没有否认这种危险与他不愿意使用谄媚的修辞术有关。此外,从苏格拉底早前的论证似乎可以得出,他本人也没有实践真正的修辞术。如果他实践了,也就不会处于危险之中(参见517a5-6)。他说他实践的是"真正的政治技艺",这不能和真正的修辞术混淆。[163]与真正的修辞术不同,真正的政治技艺并不是通往安全的道路,毋宁说它正是让苏格拉底陷入危险的源头。苏格拉底强调,正因他实践的是这种技艺,他才会在法庭上感到无助。

在一个著名的陈述中,苏格拉底预测了他的最终命运,他将自己在法庭上孤立无援的情形,比作一个医生站在由一群孩子组成的陪审团前,一个厨子指控他用痛苦的治疗过程和难以下咽的药片伤害并腐蚀孩子:

> 我认为一小部分雅典人和我同在,所以我并不孤独。我实践了真正的政治技艺,在今天活着的人中我是唯一一个践行了政治事务的人。我在每个场合做的演讲都不是为了令谁快乐,我是为了最好的事,而非最快乐的事,而且,因为我不愿意做那些你们奉劝我做的事情,即"那些花言巧语",所以我在法庭上也没有什么好说的。我对珀洛斯讲述的事也可以用到我自己身上。我将会被控告,就像医生在一群孩子面前被厨子控告那样。试想一下,一个人在这样一种情境中被抓住将如何为自己辩护?如果有人指控他,"孩子们,这个人对你们做了许多坏事;他通过切割和焚烧来败坏你们最年轻的同伴;他使你们因节食而消瘦,使你们窒息,让你们不知怎么办才好,再带给你们苦涩的药剂和难以抗拒的饥渴——不像我,为你们提供的都是各种美食",你认为此刻被捆绑着的医生会说什么呢?如果他说出真相,"我所做的一切都是为孩子们的健康",你认为陪审团会发生什么样的骚乱?会不大吗?(521d6-522a7)

通过把自己比作医生,苏格拉底暗示他的行为具有一些"医疗的"性质。但是我们很难分辨他使用这个类比想表明的意思,因为他对自身行为的陈述太简洁了。苏格拉底将自己的行为称作"真正的政治技艺",并将自己比作医生,这到底意味着什么?

从表面来看,苏格拉底通过把自己的行为称为"真正的政治技艺",而将这种行为(或至少是他行为的一部分,即他在这里所关注的那种行为)①[164]描述成为城邦服务的一种形式，它通过提升公民来提升城邦。但苏格拉底对其实际所做之事的进一步陈述，却与他一开始那让人印象深刻的前奏相反（对比522b4-9和521d6-e1），根据这些后来的描述，苏格拉底实际达成的效果相当有限。根据他本人的描述，或者至少根据他并不否认的指控（参见522b7-9和521e6-522a3），苏格拉底似乎并没有引领这些公民一路走向美德。相反，他做了两件也许内在相关的事情：对于年轻人，他给他们带来了困惑，对于年长者，他通过在公开和私人场合发表尖酸的演讲去挖苦他们。苏格拉底针对年长者发表的演讲可以称为"苦涩的药剂"，与其说它们的作用是治疗成年人自身的疾病，莫不如说它们的作用是努力给年轻人带来困惑，因为它们动摇了年轻人对著名模范和权威的崇拜。②鉴于这种情况，苏格拉底的行为尽管在某种意义上引导年轻人进步，却不能视作通常意义上的美德教导。③

---

① 我增加这个限定的原因是，苏格拉底此处对他本人行为的描述——不仅是因为它简短，还因为它的特点和目的——可能并非指着该行为的所有方面说的。他可能只是指着那大概能够被称作"政治的"一方说的。尽管他在某些地方（尤其是在《申辩》中）努力给人的印象是这一方面即是他行为的全部，但苏格拉底也表明那样的印象有误：参考《申辩》38a1-6和《斐多》96a6-100a8。

② 参考《申辩》21b9-23a2、23c2-d1以及33b9-c4。也可参考《王制》331c1-332c3、515c4-516d7、537e1-539c3。在《高尔吉亚》的这段文字中谈及"年轻人"和"年长者"时，苏格拉底所想的不只是年纪，还有态度和开放程度。

③ 在我看来，有些评论者把这个目的归入苏格拉底"真正的政治技艺"，这有点过了。参见，Jaeger讨论作为"完整体系"的"苏格拉底式的教化"，这个观点认为该体系提供的道德教育实现了城邦作为"道德教师"的真正"使命"。（《教化》，前揭，卷二，页149-159）；Friedländer，《柏拉图》，前揭，卷二，页270-272；Barker，《希腊政治理论》，前揭，页141-144；Brickhouse和Smith，《柏拉图笔下的苏格拉底》，前揭，页137-141。还可参考Villa更复杂的论述《苏格拉底的公民身份》，前揭，页15-16、27-28、36-41。

那么，[165]苏格拉底观点的深层含义莫非在于表明，他独自实践的"真正政治技艺"正是城邦领袖们声称要提供的真正的教育？莫非那种教育很大程度上就在于"去教育化"，或一种去除年轻人在城邦初级教育中所接受的信念的过程？① 这种主张可以帮助我们解释为什么苏格拉底暗示自己的行为具有"治疗的"效果，也可以解释为什么城邦不太可能如苏格拉底温和提示的那样，把他看作一名为健康而工作但会导致疼痛的外科医生，却支持他是一个败坏者这项指控并紧抓不放（参见 522b7 对 diaphtheirein 的使用和 521e8 对 diaphtheirei 的奇怪使用）。也许在这个城邦看来，给年轻人带来困惑就是一种败坏的行为；我认为，苏格拉底简要地描述其困境是想略微暗示城邦对他愤怒的根源，而没有说得过多是为了不让事情恶化。②

我应当再稍微充分一些说明，苏格拉底关于自身处境的微妙描述有何特质以及有何必要性。他绝没有否认自己处在危险当中，也没有否认他将度过一段艰难的、在城邦面前为自己生活辩护的日子。实际上，要说有什么的话，就是他夸大了自己所处的危险以及自身的无助（参见 522a9-b1）。这样的夸大构成了他作为一个人的自我陈述，这个人超越了对安全的考虑。但是对那些怀疑其陈述的这一方面的真诚性的观众来说，这种夸大还有另外一个目的。在这样的观众听来，苏格拉底在描述其面临的危险时传达出了不一样的信息。我认为，[166]苏格拉底试图至少大体描述他所处的困境，从而让人们注意到他需要帮助。换言之，苏格拉底正尝试表明他在城

---

① 参考《王制》515c4–516d7, 537e1–539a1。
② 苏格拉底在这段话中有所保留的一个迹象是，尽管他预测了自己将来会受到"败坏年轻人"这一控诉，但没有提到可能作为控诉一部分的"不敬神"，而后来他当然的确受到了这一指控。对照《申辩》18a7–c3, 23c2–d7, 24b8–c1。

邦中的处境事实上是一个"问题",而他所使用的"真正的政治技艺"恰恰是这个问题的原因,而不是解决办法。苏格拉底还不想他对自己处境的描述进一步加剧问题的严重性——因此他在这里的种种意图并不完全协调——这决定了他既要在某种程度上说出自己的困境,同时又只能略微地、部分地暗示一下这种困境的根源。然而他不可能完全回避问题,既然他的目标之一是吸引某个可能给予他帮助的人注意到问题。如果苏格拉底的描述主要是为了找到这么一个人,那么,他的节制甚至可以看作给此人上的一节关于审慎和保留的功课。

最符合上述要求的听者就是高尔吉亚,在我看来,他之是苏格拉底在叙述自身困境时的目标听众,不亚于卡利克勒斯是苏格拉底听众的程度。同样值得思考的是,这段叙述给高尔吉亚留下了什么印象。他很可能已经注意到苏格拉底先前对修辞术名誉的恢复,也注意到了苏格拉底悄然的暗示,即他并不像他自己明确说到的那样不关心自我保护。如果高尔吉亚一直在疑惑苏格拉底为什么对一种新的修辞术感兴趣,那么他终于得到答案了。答案很简单,尽管苏格拉底想尽办法模糊它:苏格拉底对修辞术新形式感兴趣的首要原因是,他想以某种方式缓解自己身陷其中的危险,或者找到一种逃出困境的方法。因此高尔吉亚可以明白,我们也可以明白,苏格拉底何以在为修辞术恢复名誉之后又描述了自身处境,以及这些主题之间有何联系。

的确,苏格拉底描述自身处境,尤其是把它呈现为一个未解问题,某种意义上讲正是整个对话的恰当结局。尽管后面还有一个重要的部分,但引导整个对话的问题的关键答案在这里已经出现了。从一开始,我们就在问为什么苏格拉底对修辞术如此感兴趣,[167] 以及为什么他想找到高尔吉亚,并吸引他的注意。但直到在对话临近结尾的这一段文字中,苏格拉底才足够直接地谈到他的生活,以此为我们提供答案,尽管他谈得很简略。苏格拉底关于他身处困境的暗示透露了答案,该困境由其"真正的政治技艺"造成,这种技艺要求他努力的方向首先是给年轻人制造困惑。苏格拉底可能曾经认为,实践这种技艺与投身于更具谄媚性的修辞技艺不可兼容,尤其是前者强调刻意用"尖涩的演讲"给年轻人造成困惑。然而,这种技艺造成的困境解释了苏格拉底为何需要一个具备巨大修辞术力量的盟友,而且这个人还要对他的行为和处境抱以同情。

但是,即便到了此处,还是存在几个问题:高尔吉亚如何真正地帮助苏格拉底?我们该多认真地看待高尔吉亚-苏格拉底联盟?更一般地讲,苏格拉底在《高尔吉亚》中真的为他所透露的问题呈现了圆满的解决吗?不过,让我们先看完对话的最后一部分,再回到这些问题上来。

关于来生的逻各斯(522c4–527e7)

若没有理解是什么促使苏格拉底实践他"真正的政治技艺",我们也许会觉得他的生活方式使他面临毫无意义的风险,让他暴露于这座城邦的攻击之下。苏格拉底还没有真正应对卡利克勒斯的反对,而且如果他没有对其甘冒风险的目的和善作出说明的话,也不可能给出一个充分应对(对照《申辩》20c4-23d2)。但这样的说明在《高尔吉亚》中并未真正出现。而且我们有理由怀疑,像卡利克勒斯这样的人恐怕不会觉得这样真实的说明有任何说服力(参考《申辩》37e3-38a8)。所以,在某种意义上,卡利克勒斯回应苏格拉底关于其处境的论述时只是重复他的基本反对观点,这也正是与他相称的表现:

苏格拉底，你觉得一个[168]在城邦中处于这种境遇且不能自救的人，[168]还是高贵的吗？（522c4-6）。

苏格拉底强调他所面临的危险也许是为了吸引高尔吉亚的注意，但这样做引来了卡利克勒斯的反对。然而，苏格拉底不会愿意让卡利克勒斯的反对意见说了算，部分原因在于观众中可能还有像卡利克勒斯一样具有相同困扰的人，即使他们更加同情苏格拉底。

对于卡利克勒斯的反对，苏格拉底的基本回应是最后一次回到"苏格拉底论题"，并主张一个人最重要的自救方式就是让自己远离不义（522c7-e3）。但苏格拉底又对这个观点做了进一步反思，他思考了正义和死亡，而在先前的思考中他在这个方面只迈出了很小的几步。① 苏格拉底此时似乎把他之所以选择会导向危险生活的自信，建立在关于神明和来世的观点上，这一点比苏格拉底截止对话的这一最后时刻所说的任何东西都远为突出。他告诉卡利克勒斯，最深重的罪恶就是带着满是不义的灵魂进入冥界，而且他用进一步的论述支持了该论断（522e3-6）。

在这一论述当中，最令人吃惊的就是苏格拉底将其称为"论述"，即逻各斯，而非神话（参见522e5-6，523a1-2）。② 然而，苏格拉底这么说想表达的意思不十分清楚。当然，最直接的解释是，苏格拉底觉得这个描述为真，于是就称之为逻各斯以表达他对其真理性的确信。这当然也是苏格拉底提供给卡利克勒斯的解释（参见523a1-3，

---

① 比较492e7-493d3，507d6-508a8，512d6-513a7。
② 有关柏拉图所使用的神话和逻各斯的区别，更多讨论可参见，Brisson,《柏拉图，神话创造者》，前揭，页7-12。Brisson在108-109页讨论了《高尔吉亚》中的逻各斯。

524a8-b1，526d3-5）。① [169] 但是，这一解释存在诸多困难。最明显的困难就是，苏格拉底给出的逻各斯（论证），其关键前提依赖于有关神明的神话故事，他说这是他从荷马以及其他人那里听来的，其中还包括那些他在其他场合猛烈批评过的故事（参见 523a3-5, 524a8-b2）。②

除了这个困难，我们还将看到，该论述所呈现的观点或学说，与苏格拉底在整个对话过程中所为之辩护的立场并不一致。

最后，在陈述完该论述之后，苏格拉底几乎又收回了他认为该论述为真的宣称（参考 527a5-8）。然而，在同一语境中，苏格拉底发表的一段评论可能为我们提供一些线索，表明他为什么将自己的论述称为逻各斯而非神话。苏格拉底劝说卡利克勒斯仰望那将要降临在正义之人身上的来世幸福，他告诉卡利克勒斯应该接受他的论述，"正如你的逻各斯所指示的那样"（527c5-6）。③ 也许苏格拉底将其论述称为逻各斯而非神话的原因在于，这种论述某种意义上随这样一种人的某

---

① 这也是一些评论家接受的解释。比如，Shorey，《柏拉图说了什么》，前揭，页 152–154；Brickhouse 和 Smith，《柏拉图笔下的苏格拉底》，前揭，页 205–206；Dilman，《道德和内心生活》，前揭，页 170–186；Mackenzie，《柏拉图论惩罚》，前揭，页 235–239；Olympiodorus，《柏拉图〈高尔吉亚〉评注》，第 47 讲。也可参考沃格林的"象征主义"解读，《柏拉图》，前揭，页 39–45，以及 Dodds《高尔吉亚》，前揭，页 376–377。据 Dodds 所说"高尔吉亚的神话被叫做逻各斯，是因为它用富有想象力的术语表达了一种'宗教的真理'"（页 377）。沃格林的看法也有些类似，他"把象征翻译成象征所表达的灵魂经验"，试图以此来解释这里的"逻各斯"（页 41）。

② 对照《游叙弗伦》5e5–6c4，《王制》377e6–378e3；参考《申辩》29b2–6，40c4–9。

③ 我依照的是最可靠的抄本，抄本的 527c6 处有 ho sos logos（"你的逻各斯"）。Dodds 用的 F 抄本，删掉了 sos，只有 ho logos（"一个逻各斯"）。见 Dodds，《高尔吉亚》，前揭，页 285–286。对照 477e2。

个观点而来：他相信美德，但并不确信拥有美德之人总能在这个世界上得到应得的幸福。后面这样一种观点，就像苏格拉底在早前对话中谈到的那样，更多地属于卡利克勒斯而非苏格拉底。

无论如何，苏格拉底的论述包含两个主要部分：他首先陈述了一系列曾经听闻的故事，然后，他从这些故事中得出一系列结论（转折见 524a8-b2）。①[170] 故事开始讲到荷马对神灵统治更迭的描述，即从克洛诺斯到他儿子宙斯掌权的转变。② 克洛诺斯时代到宙斯时代的更迭最终部分改变了神灵决定人类命运的系统。③ 早在克洛诺斯时代就存在一条法令，而且它"一直存在直到现在"，即那些正义和虔诚的人会在死后永远幸福地居住在福岛上，而那些不正义、不虔诚的人则会在名为塔耳塔洛斯（Tartarus）的监狱里接受惩罚。尽管宙斯留着这条法令，但是他改变了审判人类的方式。在克洛诺斯统治的时期和宙斯统治的开头，人类在他们将要死去的当天接受审判，审判他们的人本身也还活着。宙斯认识到这样的系统会产生不良的判决，于是得出结论：问题的根源在于这些接受审判和给予审判的人都"穿着衣

---

① 关于这一区分的重要性，参见 Alexandra Fussi 的《〈高尔吉亚〉最后审判中的神话》（"The Myth of the Last Judgment in the *Gorgias*"），页 529-530；Benardete，《道德和哲学中的修辞术》，前揭，页 98。

② 见《伊利亚特》15.187-193；对照赫西俄德，《神谱》，页 453-506、617-819。尽管苏格拉底的论述始于荷马神话，但他额外添进了一些内容或在某些方向上作了延伸，而这些内容并不见于荷马的作品。他声称他"听说了"他之后提到的故事，但却没表明是从谁那里听到的。因此苏格拉底（或柏拉图）这部分的材料来源引发了诸多猜测。有关不同观点的总结和分析，可参考 Dodds，《高尔吉亚》，前揭，页 373-376；也可以参见 Fussi，《高尔吉亚》最后审判中的神话，前揭，页 540。也值得参考 Olympiodorus 的论点，即逻各斯应该解读成"哲学神话"，与"诗歌"神话加以区分（参见《柏拉图〈高尔吉亚〉评注》第 47、48 讲）。

③ 关于这一改变和宙斯新系统的全部论述起于 523a3，止于 524a7。

服",也就是说,他们的灵魂被身体、祖先和财富遮盖,而且被审判的人可以让许多偏心于他的证人来为他辩护。

因此,[171]宙斯发起了两项改革。第一,他让普罗米修斯剥夺人类对死亡的预知。① 第二,他下令这些审判必须在"裸露"中进行,即审判者和被审判者都由已死之人构成,叫一个剥去了身体的灵魂审判另一个剥去了身体的灵魂。为了实施第二个改变,宙斯让他的三个儿子在道路岔口处的草地上做判官,道路一边通向福岛,一边通向塔耳塔洛斯。于是,拉达曼图斯(Rhadamanthus)、埃阿科斯(Aeacus)和米诺斯(Minos)在岔路口上,就"人类的路途"做出他们的裁决。

宙斯改革的最初结果看似在正义上取得了总体的进步。而且,更重要的或许是,这些改革意味着向某种正义观为转向。根据这种正义观,影响正义的最重要因素不再是某人特定行为所取得的成就,也不是其他"外在的"因素,比如一个人在城邦中的地位或其家庭的地位,而是灵魂的内在品质。从这个方面来看,苏格拉底的描述将神圣正义的传统观念拉向"苏格拉底式"方向。但苏格拉底也作了让步,即向他拉向自己这一边的观点作出了让步。他的论述可看作两种多少相对立的思想的折中。在其论述的第二部分,我们可以更清晰地看到这种折中或让步的特征,期间,他会利用在第一部分据说仅仅只是转述的故事得出结论(参见524a8-b2)。

---

① 宙斯对普罗米修斯的命令最可能的意义是,要他防止人们知道自己什么时候会死,而其最可能的目的是阻碍"临终时的对话"。参见 Dodds,《高尔吉亚》,前揭,页378。然而,另一个可能的意义是,宙斯想要普罗米修斯终止一切关于死亡的预知,甚至包括人类对自身有死性的意识。然而,这种解释有它的问题,似乎需要进一步认为普罗米修斯并没有执行这个命令。还是说,人类莫非在某种意义上并未意识到死呢?对照,Aeschylus,《被缚的普罗米修斯》(*Prometheus Bound*),页248–253。

[172] 第二部分的开头提出，死亡只是身体和灵魂的分离，在这之后，它们至少各自"在一段时间"内保留自身的特征（524b2-d4）。在苏格拉底看来，灵魂"脱离身体"后没有死去，而是以一种更清楚的方式展示自己，因为它的自然属性和它因不同追求而得到的经验结果会在身体这层屏障被去除后更清楚地显示出来（524d3-7）。这似乎与他早前对宙斯系统的描述一致，判官就因这种"裸露"可以很好地审判。但苏格拉底在这部分论述中仍旧对这个系统提出了疑问：根据品质来审判灵魂、有时甚至惩罚灵魂是否全然正义，如果这些品质至少有一部分来源于自然（参见 524d5-6；同样考虑 524b6-7 和 c1）？一个人的生活环境是否也应纳入对其最终命运的审判的考虑中（参见 524d7-525a8, 525d2-526b3）？总体而言，苏格拉底所谓的永恒惩罚（参见，比如 525c6、e1），作为一种对依靠具像化灵魂所活着的短暂一生的惩罚，真的可能证明是正当的吗？① 我们应该回溯苏格拉底早前在对话中的提议，他说应该将怜悯给予不义之人，因为他们已经遭受巨大的不幸。那时他还表示，惩罚实际上将有益于这些不义之人，而这种益处人们只会希望不义的朋友得到，不会希望其不义的敌人得到（参见 468e6-469b11 和 479d7- 481b1）。苏格拉底当前的论述是否与早前的提议，即作为严格遵从"苏格拉底论题"而得出的结论一致？然而，如果说苏格拉底提出了这样的问题，那他也是不动声色地提出来的。这段论述传递给人们的主要印象在于，不义之人会受到苏格拉底所谓的"相应的苦难"，这个短语则反映出苏格拉底在该论述中允许把报应精神纳入考虑（参见 525a6-7；亦可参见 526b8-c1，并参考 523b2-4 的构想）。[173] 尽管有些细节会让人对这一精神的合理性提出质疑，但这个论述更明显的意旨是为报应精神留出一定

---

① 有一种思路也提出了同样的问题，见 Fussi,《〈高尔吉亚〉最后审判中的神话》，前揭，页 543–545。

余地。①

然而，苏格拉底确实又试图隐藏或掩盖他给报应留下一席之地这个事实。他声称，对于那些受惩罚的人而言，报应是合宜的，他们要么会变得更好并因此获益，要么可以为其他人树立有用的范例（525b1-4）。换言之，他认为惩罚只有一个合理的目的，那就是使人改过自新和威慑人。但他在描述冥界的惩罚时，却偏离了这个提议。在描述冥界中的灵魂时，苏格拉底提到了两组接受惩罚的人。那些从惩罚中获益的人是"可治愈的"，通过忍耐痛苦和悲伤，他们可以从不义中释放出来（525b4-c1）。但是，同样因犯下极度的不义而进入冥界的灵魂则是"不可治愈的"。这些灵魂无法从惩罚中获益，因为他们已经不能改过自新了。苏格拉底说，这些人所受的永恒惩罚可以作为对其他灵魂的告诫，当他们到达冥界时就可以看到永远受罪的景象（525c1-8）。然而这种说法又带来一个问题，涉及"不可治愈的人"所带来的威慑效果。那些据说会由"不可治愈的人"为之提供威慑性示范的灵魂，难道不是已经过完了他们有死的一生，因此，他们只有在已然做出至关重要的选择之后，才会亲眼见到对"不可治愈的人"的惩罚吗？对不可治愈的灵魂所进行的惩罚，很难说是一种有效的威慑。从苏格拉底的立场来看，这种惩罚是没有意义的，把它看成对"非苏格拉底"的立场所做的让步倒更说得通，更确切地说，这种立场认为永远的惩罚是"适合的"，即便它不对任何人有益。也许是为了表明他对自己所作让步的态度，苏格拉底说，[174]那些不可治愈的灵魂就应该"直截了当地"（atechnōs）留在地狱

---

① Mackenzie,《柏拉图论惩罚》，前揭，页 233–239，强调了她所谓的《高尔吉亚》"报应式末世论"的这一特点。

(525c6-7)。①

但是，如果说苏格拉底对某种"非苏格拉底的"观点作出了让步，那么他又从另一个方向退了回来，他说，一个过着私人的哲学式生活的人更容易让自己免于冥界的苦难。根据苏格拉底的论述，政治人物极少能够在死后去往福岛。阿里司提戴斯（Aristides）（他更为人知的名字"正义的阿里司提戴斯"），是少见的能够避免恶习和惩罚的政治人物（526a5-b4），他算是见证了这一规则的例外。苏格拉底认为，冥界充斥着暴君、国王和有权势之人的灵魂，他们滥用权力犯下了极度的不义（525d1-526a5）。这些有权势之人在地狱受苦，而等待着哲学生活之人的则是另一种命运：

有时候，当［拉达曼图斯］看到一个追寻真理并虔诚生活的灵魂，不管这个灵魂属于谁，卡利克勒斯呀，至少在我看来，这个灵魂属于将自己的事情放在心上且不会爱管闲事的哲学家，拉达曼图斯会因此欣赏它，将它送往福岛。爱考士也做着相同的事情——他们二人分别手握一根权杖。而米诺斯则坐着监督，唯有

---

① 将惩罚"不可治愈的"灵魂当作一种威慑，其可能的解释方式之一就是设想一种转世说，至少是就"可治愈的"灵魂而言的转世说。然而，Dodds，《高尔吉亚》，前揭，页 375、381 尽管认为有这样一个"隐含于"苏格拉底描述中的信条，但苏格拉底确实没有提到它，并且他的描述似乎是朝着其他方向展开的（参考 523a9-b4, 524a1-7, 524b2-4, 525c4-8, 525d7-e2, 526e1-4，对照《王制》614b2-621b7）。还有一个可信的解决方法（这更符合苏格拉底的明确论述），也就是假设"可治愈的"灵魂虽然不会重新转世成为肉身，但在冥界中仍有重要的"生活"要过，有重要的选择要做。这也有助于解释苏格拉底将他们称作"可治愈的"的原因。但是，即便在"可治愈"灵魂的情况中，苏格拉底也明显强调了它们在被治愈之前要忍受痛苦和悲伤（参见 525b6-c1）。这表明即使是"可治愈的"灵魂，苏格拉底还是为渴望报应留了位置，以此保证不义之人必定受苦。参见 Mackenzie，《柏拉图论惩罚》，前揭，页 237-239。

他[175]手持黄金节杖,如荷马笔下的奥德修斯(Odysseus)说他看到自己"手握黄金节杖,审判死者"。(526c1-d2)

与这部分论述(逻各斯)的大体特征相一致,苏格拉底此处引述了荷马的文段,把它与一种青睐哲学生活的、有关来生的观点编织在一起。在这样的呈现中,哲学生活也显得直接朝向死亡。引导这种生活的,首先就是为由神明而非人类执行的最终审判做准备的需要(526d3-527a3)。换言之,苏格拉底将哲学呈现为一种生活方式,这种生活方式的善首先存在于另一个伟大得多的世界。与该呈现一致,他不仅规劝卡利克勒斯,也规劝"其他所有人类"要遵循这条道路,以此通往"这种生活及这项竞赛"(526e1-3)。

在苏格拉底完成对来生的描述之后,他预告说,卡利克勒斯可能会把刚听到的这个描述当作神话,当作从一个老妇人那里听到的故事,因此对此不屑一顾(527a5-6)。然后,苏格拉底说出了更让人意外的话:

假如我们可以在另一个地方找到更好、更真的东西,那么轻视我刚说的这些内容也就不足为奇了。(527a6-8)

此外,在一个惊人且重要的评论中,苏格拉底为支持这一论述提供了一个事实证据,他说,他的对话者们不能说出,除了那种在冥界能得益的生活外,人还应该过别的什么样的生活(参见527a8-b2)。因此,只要"苏格拉底论题"不能被驳倒,他建议,人们就应该承认它并以此为原则生活(参见527b2-c4)。苏格拉底甚至给了卡利克勒斯一道最后通牒:

你既被说服,就跟我去一个地方,抵达之后,正如你的逻各

斯所示，无论是生前还是死后，你都将感到快乐。（527c5-6）

苏格拉底劝说卡利克勒斯按照逻各斯的指示生活，在此处，这似乎意味着，卡利克勒斯应根据他虽然嘴上没承认但却深植于他内心深处的依恋来生活，而他所依恋的就是苏格拉底论题所表达的观点。然而苏格拉底也提到了另一种选择，这个选择就算不对卡利克勒斯开放，却对某些人开放。[176]这个选择就是，从另一个层面来跟随逻各斯，也就是，进一步审视这个问题。苏格拉底指出这个选项的方式是，提醒他的观众，整个对话仍因缺乏确定性而受到困扰，而且这种确定性的缺失会一直持续到对话结束。他认为有关最好生活方式的问题几乎没有得到解决，整个对话只是走向了更深的不确定性和困惑中：

我们受到的教育是如此匮乏！（527d5-e1）。

通过这样的结束语，苏格拉底鼓励至少观众中的一部分人把他最后的规劝，理解为劝告他们继续透彻思考直到对话结束也没有得到解决的问题。

结论：对高贵修辞术的最后反思

[177] 如果这是对的，即我们质疑苏格拉底本人是否真的相信他向卡利克勒斯呈现的有关来生的描述，那么他的陈述或许尤其可视为高贵修辞术的一个例子。无疑，这个描述的一个优点在于（如果它能被相信的话），它那样描述的哲学生活将会减轻人们对这种生活的愤怒，并为它赢得尊重。但苏格拉底的描述有多可信呢？苏格拉底本人也表明，对于卡利克勒斯是否相信这个描述，他并不是非常乐观。甚至对于卡利克勒斯会不会相信苏格拉底的声称，即苏格拉底本人相信这种描述，苏格拉底也不抱太大的希望（参考 523a1-3，527a5-9）。如果卡利克勒斯在对话最后的沉默暗示了这种可能的怀疑态度，那么他与《高尔吉亚》的许多读者也没有什么不一样，这些读者会不加犹豫地将苏格拉底的描述当作一个神话，即便苏格拉底坚持认为它应该被视作一种逻各斯（论证）。① 我认为，苏格拉底的描述并不是要作为他在《高尔吉亚》中所指向的那种高贵修辞术的基本模型，至少他没有以任何简单且直接的方式表明这点。但是，如果对话结尾的论述不是一种高贵修辞术的基本模型，而苏格拉底同时又在呼吁一种新形式

---

① 参见，Friedländer，《柏拉图》，前揭，卷二，页 272；Taylor，《柏拉图》，前揭，页 128；Brisson，《柏拉图，神话创造者》，前揭，页 108、143；Kastely《柏拉图〈高尔吉亚〉之辩护》，前揭，页 99；Arieti，《柏拉图哲学式的〈安提俄珀〉》，前揭，页 202；Nightingale，《柏拉图的〈高尔吉亚〉和欧里庇得斯的〈安提俄珀〉》前揭，页 132–133。

的修辞术,那么这种修辞术将具备什么样的特点呢?

[178] 我们很难回答这个问题,因为苏格拉底早前提到,从未有人见过高贵的修辞术(参见 503a5-b1,516e9-518a7)。我们最好将苏格拉底之前的评论理解成创制某种新事物的呼吁,而不是为已经存在的事物进行辩护。我已经提到,在创制这种新修辞术的事上,他向高尔吉亚寻求帮助。但是,苏格拉底不是至少已经为高尔吉亚提供了一个大致的轮廓吗,即使这仅仅是为了引导高尔吉亚去做苏格拉底想要他做的事?尽管对话末尾有关来生的描述可能并非意在作为苏格拉底想象的高贵修辞术的直接模型,我们还是可以从其他篇章中发现更多迹象来揭示苏格拉底对于这种修辞术的想法,即便仍旧有点不彻底。

最重要的是,苏格拉底所陈述的美德学说结合了智慧、节制和正义,并宣告这些美德与某种由"几何的平等"所连接起来的宇宙秩序和谐一致(再参 506c5-508c3),这点比有关来生的描述更有教益。①苏格拉底对这一学说的辩护应当结合一个事实来考虑,即他将自己的行为描述为"真正的政治技艺",并竭力指责珀洛斯和卡利克勒斯被不公正所吸引,劝告他们更加忠于美德。苏格拉底的这些努力尽管没有完全动摇珀洛斯和卡利克勒斯,但至少成功地让人注意到苏格拉底自己的观点;这一点很重要。苏格拉底的演讲和论证联合起来产生一种冲击力,它让苏格拉底的观点,或者更宽泛地说让哲学的观点和品质,显得既批评那种以通常方式运作的政治和城邦,又从根本上支持普通城邦民最高的追求和最深的渴望。从这个意义上讲,[179] 苏格拉底的演讲和论证把某种形式的控诉、告诫,与某甚至可称为谄媚

---

① 苏格拉底的美德学说和对"秩序"的描述比有关来生的描述影响更加深远,可参考,Jaeger,《教化》,前揭,卷二,页 146-147;Shorey,《柏拉图说了什么》,前揭,页 148;Voegelin,《柏拉图》,前揭,页 36-37;Seung,《重现柏拉图》,前揭,页 31-32;Kahn,《柏拉图和苏格拉底式对话》,前揭,页 140-147,《柏拉图〈高尔吉亚〉的戏剧和辩证法》,前揭,页 116-121。

的东西结合了起来。总而言之，虽然苏格拉底承认甚至强调哲学与城邦之间存在着某种张力，但他在呈现自己的观点时，却使哲学显得像是城邦的道德良心，同时它作为一种追求，探寻着能够让有序宇宙与人类美德相和谐的智慧。我认为，这样一种对哲学的普遍陈述以及对苏格拉底生活的特殊描述，就是《高尔吉亚》中苏格拉底力劝高尔吉亚去实践的那种高贵修辞术的核心。①

确切地说，对这种修辞术的成功实践将产生有限但意义深远的结果。一个受其影响的城邦或许不能因此变成哲学式的，甚至也不能完全理解苏格拉底哲学的真正特质，但哲学式的生活将会变成受人敬佩和尊敬的对象，而非蔑视和敌意的对象。不像更有雄心的近代哲学家，诸如霍布斯、洛克、孟德斯鸠，他们的目的是在政治生活中实现更完整的"启蒙"，以及更彻底地转变哲学与政治的关系。而苏格拉底可能认为，我们顶多只能指望高贵的修辞术达成较有限的事，至少不能付出毁灭政治生活和哲学这样惨重的代价。继续追问苏格拉底在哲学与城邦之间的张力问题上面对现代的"解决方式"时可能会有哪些保留意见，将要求我们不局限于《高尔吉亚》的文本范围。这还需要彻底地研究《王制》《法义》和《会饮》，并在这些作品和近代思想的奠基性作品之间做比较。不过，考虑一下苏格拉底所提示的卡利克勒斯内心深处的关切，我们至少可以觉察到苏格拉底对近代解决方式可能有的一些异议。主导近代政治社会的生活方式能让像卡利克勒斯这种爱欲类型的人满足吗？［180］近代的哲学学说能否让卡利克勒斯理解其自身最深的关切，而他又能否完全接受这些学说所鼓吹的观点？又或者，在一个试图"合理解释"政治的世界里，那些我们已经在卡利克勒斯身上看到的问题、困惑和不满，是否只会变得更深刻、更普遍？苏格拉底会反对现代人说，比起追求政治生活的彻底转变，更明

---

① 对照《申辩》29c6–31c3,《王制》499d10–501a1。

智的做法是限制哲学的目的，或者限制修辞术服务哲学时的目的，让其仅仅用于平息卡利克勒斯对哲学所表达的那种愤怒，并在城邦中为哲学赢得受尊敬的一席之地。

但即使只是我刚刚所说的这些，是不是真的能指望它们实现呢？苏格拉底想与高尔吉亚结为同盟，并希望这个同盟成功完成他在《高尔吉亚》中所指向的修辞术任务，这个希望有多现实？我们有理由得出结论说，苏格拉底想要拉拢高尔吉亚的尝试不是完全认真的，或者说，高尔吉亚对苏格拉底而言顶多只是一个机会不大的选择。其中一个原因是，我们很难看出凭什么富有、见多识广、自我满足的高尔吉亚会想承担这个任务。很大程度上，这个任务要保护的并非高尔吉亚的追求，而且苏格拉底在《高尔吉亚》中只是给他提供了一个关于这种追求的简介。有关高尔吉亚是否渴望与苏格拉底结盟的怀疑在《美诺》中得到了确证，苏格拉底在其中表明，他和高尔吉亚的关系自他们初次见面开始就从未有过发展，他说这话是在几年之后了。在《美诺》中，苏格拉底声称自己甚至记不清对高尔吉亚有什么看法了。① 那么，我们是否要接受这个令人失望的结论：《高尔吉亚》抛出了一个问题，却未提供适当的解决办法？也就是说，柏拉图向我们提供了一个解决办法，可它永远都没有机会成功，柏拉图也让我们看到它没有成功。莫非这个对话只是简单地给我们留下了一个关于未解问题的更深理解？答案至少从某个方面来说是肯定的。但从另一个方面来说，这个问题最终得到了解决——不是由高尔吉亚，[181] 而是由一个更伟大的修辞术大师，他与苏格拉底有着更密切的关系，而且更理解苏格拉底的生活和活动。柏拉图不是自己实现了苏格拉底曾经的设想吗？柏拉图确实没能在苏格拉底在世的时候保护他，因此他没有完成假设中高尔吉亚或许能完成的那个基本任务；但柏拉图在后人的心灵和头

---

① 参见《美诺》71c5–d2；《申辩》18c4–8。

脑中，成功地为苏格拉底及其哲学赢得了尊重，而且是巨大的成功。柏拉图的作品及其作品中的陈述让苏格拉底变得"年轻貌美"，① 于是我们看到了作为西方文明英雄之一的苏格拉底，作为一个人，他的生活长久以来激起人们的尊重和崇敬。柏拉图成功的标志之一就是，其对话作品的许多读者甚至很难理解，为什么苏格拉底竟会成为蔑视和敌意的靶子。

因此，《高尔吉亚》能够为我们提供一个窗口，去了解柏拉图整个"文学-修辞"计划的诸目标。一言以蔽之，《高尔吉亚》让我们有理由相信，柏拉图在对苏格拉底哲学的呈现中实际上有一个"文学-修辞"计划，引导这个计划的正是他对《高尔吉亚》所提示出来的问题的理解。毕竟正是柏拉图——《高尔吉亚》的作者，帮助我们理解修辞术的需要，也是他，通过展示苏格拉底在解决其困境上的失败，呼吁一个更好的解决方法。从这个意义上讲，《高尔吉亚》中呈现的"失败"可以视作柏拉图揭示问题的方式，而这个问题也正是其作品要回应的，同时这个"失败"也表明了柏拉图在为苏格拉底哲学辩护时所扮演的角色。与这种猜测一致，我们可以在柏拉图全集中发现一幅哲学生活、哲学观念的图像，这幅图像拓展并完善了《高尔吉亚》中柏拉图让苏格拉底仅仅刚开始去勾勒的那幅图像。柏拉图的对话因其诸多出彩的篇章而著名，这些篇章为美德的统一性辩护，描述自然界和神界的秩序，赞美哲学生活高尚的志向和高贵的决心。然而，《高尔吉亚》让我们有理由思考，[182] 当我们转向柏拉图的其他对话时，柏拉图作品中那些最出名、最动人的特征是否属于某种修辞术的计划，意在使人们去仰慕苏格拉底的哲学，并缓解批评者的敌意。当然这不是说，柏拉图不想为读者指明有关苏格拉底及哲学生活的真相。但《高尔吉亚》表明，想要理解苏格拉底所过的那种哲学生活的

---

① 参见柏拉图，《书简二》，314c2–4。

人，必须努力区分这种生活真正令人敬佩的地方，与那些可能属于柏拉图修辞术计划的伪装。理解并欣赏这一计划的目的，与发现修辞术背后的真相并不矛盾，前者甚至还能有助于后者。然而，继续这种努力需要极其警惕小心。在考察柏拉图的任何一段文字时，若是很快地就跳到"修辞"，以之来解释那些困难的或难以让人信服的论证或学说，都是错误的。唯一正确的前行方式就是以严谨、勤勉的态度和开放的心态，来研读柏拉图的每一篇对话。

参考文献

书中所引各希腊文作品的"牛津古典文丛"版本未列入此表。

Adkins, A. W. H. *Merit and Responsibility*. Oxford: Oxford University Press, 1960.

Ahrensdorf, Peter. *The Death of Socrates and the Life of Philosophy: An Interpretation of Plato's Phaedo*. Albany: State University of New York Press, 1995.

Alfarabi. "Plato's *Laws*." Trans. Muhsin Mahdi. In *Medieval Political Philosophy*. Eds. Ralph Lerner and Muhsin Mahdi. Ithaca, NY: Cornell University Press, 1972.

Arieti, James. "Plato's Philosophic *Antiope*: The *Gorgias*." In *Plato's Dialogues: New Studies and Interpretations*. Ed. Gerald A. Press. Lanham, MD: Rowman & Littlefield Publishers, 1993.

Barker, Ernest. *Greek Political Theory: Plato and His Predecessors*. New York: University Paperbacks, 1960.

Benardete, Seth. *The Rhetoric of Morality and Philosophy: Plato's Gorgias and Phaedrus*. Chicago: University of Chicago Press, 1991.

Black, Edwin. "Plato's View of Rhetoric." *Quarterly Journal of Speech* 43 (1958): 361–74.

Bolotin, David. "The Life of Philosophy and the Immortality of the Soul: An Introduction to Plato's *Phaedo*." *Ancient Philosophy* 7 (1987): 39–56.

Bolotin, David. "Thucydides." In *History of Political Philosophy*. Eds. Leo Strauss and Joseph Cropsey. Chicago: University of Chicago Press, 1987.

Bolotin, David. *Plato's Dialogue on Friendship*. Ithaca, NY: Cornell University Press, 1979.

Brickhouse, Thomas, and Smith, Nicholas. *Plato's Socrates*. Oxford: Oxford University Press, 1994.

Brisson, Luc. *Plato the Myth Maker*. Chicago: University of Chicago Press, 2000.

Bruell, Christopher. *On the Socratic Education: An Introduction to the Shorter*

Platonic Dialogues. Lanham, MD: Rowman & Littlefield Publishers, 1999.

Burnet, John. *Greek Philosophy: Thales to Plato.* New York: St. Martin's Press, 1968.

Caskey, Elizabeth Gwyn. "Again – Plato's *Seventh Letter.*" *Classical Philology* 69 (1974): 220–7.

Consigny, Scott. *Gorgias, Sophist and Artist.* Columbia: University of South Carolina Press, 2001.

Diels, Hermann, and Walther Kranz, eds. and trans. Vol. 2. *Die Fragmente der Vorsokratiker.* Rev. ed. Berlin: Weidmann, 1952.

Dilman, Ilham. *Morality and the Inner Life: A Study of Plato's Gorgias.* New York: Barnes and Noble, 1979.

Dodds, E. R. *Plato: Gorgias: A Revised Text with Introduction and Commentary.* Oxford: Oxford University Press, 1959.

Euben, Peter. *Corrupting Youth: Political Education, Democratic Culture, and Political Theory.* Princeton, NJ: Princeton University Press, 1997.

Friedländer, Paul. *Plato.* Vol. 2. Trans. Hans Meyerhoff. Princeton, NJ: Princeton University Press, 1969.

Fussi, Alessandra. "The Myth of the Last Judgment in the *Gorgias.*" *Review of Metaphysics* 54 (2001): 529–52.

Fussi, Alessandra. "Why Is the *Gorgias* So Bitter?" *Philosophy and Rhetoric* 33 (2000): 39–58.

Gentzler, Jyl. "The Sophistic Cross-Examination of Callicles in the *Gorgias.*" *Ancient Philosophy* 15 (1995): 17–43.

Gorgias. *Encomium of Helen.* Trans. Douglas MacDowell. Glasgow: Bristol Classical Press, 1982.

Grote, George. *Plato, and the Other Companions of Sokrates.* Vol. 2. London: John Murray, 1888.

Harrison, E. L. "Was Gorgias a Sophist?" *Phoenix* 18 (1964): 183–92.

Irwin, Terence. *Plato's Ethics.* Oxford: Oxford University Press, 1995.

Irwin, Terence. *Plato: Gorgias.* Oxford: Oxford University Press, 1979.

Irwin, Terence. *Plato's Moral Theory.* Oxford: Oxford University Press, 1977.

Jaeger, Werner. *Paideia: The Ideals of Greek Culture.* Vol. 2. New York: Oxford University Press, 1943.

Kagan, Donald. *The Great Dialogue: The History of Greek Political Thought from Homer to Polybius.* Westport, CT: Greenwood Press, 1986.

Kahn, Charles. *Plato and the Socratic Dialogue: The Philosophical Use of a Literary Form.* Cambridge: Cambridge University Press, 1996.

Kahn, Charles. "On the Relative Date of the *Gorgias* and the *Protagoras.*" *Oxford Studies in Ancient Philosophy* 6 (1988): 69–102.

Kahn, Charles. "Drama and Dialectic in Plato's *Gorgias.*" *Oxford Studies in*

Ancient Philosophy 1 (1983): 75–121.
Kastely, James. "In Defense of Plato's Gorgias." *PMLA* 106 (1991): 96–109.
Kerferd, G. B. *The Sophistic Movement.* Cambridge: Cambridge University Press, 1981.
Kerferd, G. B. "Plato's Treatment of Callicles in the Gorgias." *Proceedings of the Cambridge Philological Society* 20 (1974): 48–52.
Klein, Jacob. *A Commentary on Plato's Meno.* Chapel Hill: University of North Carolina Press, 1965.
Klosko, George. "The Refutation of Callicles in Plato's Gorgias." *Greece & Rome* 31 (1984): 126–39.
Lewis, Thomas J. "Refutative Rhetoric as True Rhetoric in the Gorgias." *Interpretation* 14 (1986): 195–210.
MacIntyre, Alasdair. *After Virtue.* Notre Dame: University of Notre Dame Press, 1984.
Mackenzie, Mary Margaret. *Plato on Punishment.* Berkeley: University of California Press, 1981.
McKim, Richard. "Shame and Truth in Plato's Gorgias." In *Platonic Writings, Platonic Readings.* Ed. Charles Griswald Jr. University Park: Pennsylvania State University Press, 2002.
Michelini, Ann. "*Pollē agroika*: Rudeness and Irony in Plato's Gorgias." *Classical Philology* 93 (1998): 50–59.
Morrow, Glenn. *Studies in the Platonic Epistles.* Urbana, IL: University of Illinois Press, 1935.
Murray, John Stuart. "Plato on Power, Moral Responsibility and the Alleged Neutrality of Gorgias' Art of Rhetoric (Gorgias 456c–457b)." *Philosophy and Rhetoric* 34 (2001): 355–61.
Newell, Waller. *Ruling Passion: The Erotics of Statecraft in Platonic Political Philosophy.* Lanham, MD: Rowman & Littlefield Publishers, 2000.
Nichols, James H., Jr., ed. and translator. *Plato: Gorgias and Phaedrus.* Ithaca, NY: Cornell University Press, 1998.
Nichols, James H., Jr. "The Rhetoric of Justice in Plato's Gorgias." In *Plato: Gorgias and Phaedrus.* Ithaca, NY: Cornell University Press, 1998.
Nightingale, Andrea Wilson. "Plato's *Gorgias* and Euripides' *Antiope*: A Study in Generic Transformation." *Classical Antiquity* 11 (1992): 121–41.
Nussbaum, Martha. *The Fragility of Goodness.* Cambridge: Cambridge University Press, 1983.
Olympiodorus. *Commentary on Plato's Gorgias.* Trans. Robin Jackson, Kimon Lycos, and Harold Tarrant. Boston: Brill, 1998.
Orwin, Clifford. *The Humanity of Thucydides.* Princeton, NJ: Princeton University Press, 1994.
Orwin, Clifford. "Democracy and Distrust." *The American Scholar* 53 (1984):

313–25.

Philostratus. *Lives of the Sophists*. Excerpted in *The Older Sophists*. Ed. Rosamund Kent Sprague. Translation by several hands of the fragments in *Die Fragmente Der Vorsokratiker*, ed. Diels-Kranz. Columbia: University of South Carolina Press, 1972.

Plochmann, George Kimball, and Robinson, Franklin. *A Friendly Companion to Plato's Gorgias*. Carbondale, IL: Southern Illinois University Press, 1988.

Rankin, H. D. *Sophists, Socratics, and Cynics*. Totowa, NJ: Barnes and Noble, 1983.

Renehan, R. "Polus, Plato, and Aristotle." *Classical Quarterly* 45 (1995): 68–72.

Romilly, Jacqueline de. *The Great Sophists in Periclean Athens*. Oxford: Oxford University Press, 1992.

Rosen, Stanley. *Plato's Symposium*. New Haven, CT: Yale University Press, 1968.

Sallis, John. *Being and Logos: The Way of Platonic Dialogue*. Pittsburgh: Duquesne University Press, 1986.

Santas, Gerasimos. *Socrates: Philosophy in Plato's Early Dialogues*. London: Routledge & Kegan Paul, 1979.

Saxonhouse, Arlene. "An Unspoken Theme in Plato's *Gorgias*: War." *Interpretation* 11 (1983): 139–69.

Schleiermacher, Friedrich. *Introductions to the Dialogues of Plato*. Trans. William Dobson. New York: Arno Press, 1973.

Seung, T. K. *Plato Rediscovered: Human Value and Social Order*. Lanham, MD: Rowman & Littlefield Publishers, 1996.

Shorey, Paul. *What Plato Said*. Chicago: University of Chicago Press, 1933.

Strauss, Leo. *The City and Man*. Chicago: University of Chicago Press, 1964.

Strauss, Leo. "On a New Interpretation of Plato's Political Philosophy." *Social Research* 13 (1946): 326–67.

Taylor, A. E. *Plato: The Man and His Work*. New York: Methuen, 1926.

Thompson, W. H. *The Gorgias of Plato*. Reprint. New York: Arno Press, 1973.

Vickers, Brian. *In Defense of Rhetoric*. New York: Oxford University Press, 1990.

Villa, Dana. *Socratic Citizenship*. Princeton, NJ: Princeton University Press, 2001.

Vlastos, Gregory. *Socrates, Ironist and Moral Philosopher*. Ithaca, NY: Cornell University Press, 1991.

Vlastos, Gregory. "Was Polus Refuted?" *American Journal of Philology* 88 (1967): 454–60.

Voegelin, Eric. *Plato*. Baton Rouge: Louisiana State University Press, 1966.

Weiss, Roslyn. "Oh, Brother! The Fraternity of Rhetoric and Philosophy in

Plato's *Gorgias*." *Interpretation* 30 (2003): 195–206.

Williams, Bernard. *Ethics and the Limits of Philosophy*. Cambridge, MA: Harvard University Press, 1986.

索　引

（数字表示原书页码，即译文中用方括号注明的页码）

Achilles, 11
Adeimantus, 65
Adkins, A. W. H., 47, 72, 115, 132
Aeschylus, 171
Agathon, 61
Ahrensdorf, Peter, 7
Alcibiades, 55, 84, 157
Alfarabi, 7
Anaxagoras, 49
Archelaus, 59, 60, 61, 62, 63, 64, 74
Arieti, James, 43, 76, 91, 159, 177
Aristides, 174
Aristocrates, 65
Aristophanes, 19, 152
Aristotle, 3, 42, 137

Barker, Ernest, 29, 88, 110, 147, 159, 164
Benardete, Seth, 5, 17, 26, 28, 32, 33, 36, 43, 62, 63, 75, 76, 77, 89, 94, 134, 135, 147, 152, 170
Black, Edwin, 29, 44, 126, 157
Bolotin, David, 7, 28
Brickhouse, Thomas, 65, 67, 140, 165, 168
Brisson, Luc, 133, 148, 168, 177
Bruell, Christopher, 18, 55, 56
Burnet, John, 14, 88

Caskey, Elizabeth, 9
Cimon, 89, 116, 127, 128, 152, 153, 157
Consigny, Scott, 16

Darius, 87, 89, 128
Derrida, Jacques, 1
Dilman, Ilham, 5, 29, 168
Diodotus, 28
Dodds, E. R., 3, 5, 13, 14, 15, 16, 17, 26, 27, 30, 37, 42, 47, 49, 61, 65, 72, 78, 83, 86, 88, 91, 105, 106, 125, 128, 135, 137, 147, 152, 153, 155, 158, 169, 170, 171, 174

Euben, Peter, 83
Euripides, 61, 91, 105, 106, 124, 134, 177

Friedländer, Paul, 15, 29, 37, 44, 53, 54, 72, 73, 88, 98, 110, 112, 113, 125, 132, 137, 138, 148, 159, 164, 177
Fussi, Alessandra, 17, 38, 170, 172

Gentzler, Jyl, 102, 105, 109
Grote, George, 3, 29, 43, 53, 57, 72, 76, 77, 104, 113, 132

Harrison, E. L., 16
Hegel, G. W. F., 49
Heracles, 89
Heraclitus, 105
Hermann, Karl Friedrich, 8
Herodotus, 128
Hesiod, 170
Hobbes, Thomas, 1, 179
Homer, 16, 169, 170, 175

Irwin, Terence, 4, 5, 8, 29, 36, 47, 53, 71, 94, 109, 113, 115, 136, 138, 153

Jaeger, Werner, 3, 4, 15, 29, 37, 45, 47, 53, 83, 87, 90, 94, 125, 126, 132, 137, 138, 140, 148, 159, 164, 178

Kagan, Donald, 3, 152
Kahn, Charles, 3, 4, 8, 15, 33, 35, 36, 54, 56, 71, 73, 83, 88, 98, 101, 102, 109, 110, 115, 132, 137, 140, 148, 159, 178
Kastely, James, 27, 29, 37, 44, 76, 140, 147, 156, 159, 177
Kerferd, G. B., 16
Klein, Jacob, 7
Kleinias, 119
Klosko, George, 98, 102, 105, 109, 110

Lewis, Thomas J., 26, 37
Locke, John, 179

Machiavelli, Niccolo, 1
MacIntyre, Alasdair, 4
Mackenzie, Mary, 36, 57, 71, 73, 76, 168, 173, 174
McKim, Richard, 56, 67, 71, 73, 74, 76, 94, 110, 115, 140
Megillus, 119

Meiser, K., 155
Michelini, Ann, 43, 94
Miltiades, 89, 116, 127, 128, 152, 153, 157
Montesquieu, 179
Morrow, Glenn, 9
Murray, John, 27, 33

Newell, Waller, 3, 63, 83, 88, 89, 100, 101, 104, 108, 109, 110, 112, 115, 125, 126, 132, 137, 148
Nichols, James Jr., 14, 20, 26, 27, 29, 33, 35, 38, 43, 62, 65, 86, 99, 101, 158
Nicias, 65
Nightingale, Andrea Wilson, 91, 177
Nussbaum, Martha, 109

Olympiodorus, 110, 137, 168, 170
Orwin, Clifford, 28

Perdiccas, 59, 60, 62
Pericles, 30, 65, 89, 92, 116, 127, 128, 129, 152, 153, 154, 157, 158
Philostratus, 16
Plato, Works
 Apology of Socrates, 9, 10, 11, 12, 17, 18, 24, 28, 38, 56, 57, 90, 95, 141, 145, 148, 151, 159, 164, 165, 167, 169, 179, 180
 Cleitophon, 56, 57
 Crito, 56
 Euthyphro, 169
 Greater Hippias, 16
 Laws, 7, 29, 44, 57, 65, 69, 77, 87, 98, 104, 118, 119, 135, 179
 Lysis, 113
 Meno, 7, 16, 35, 158, 180
 Phaedo, 18, 49, 164
 Phaedrus, 18, 23, 29, 41, 42, 48, 65
 Philebus, 16, 112, 115

Protagoras, 16, 21, 23, 32, 38, 39, 101, 113, 135, 152
Republic, 26, 29, 48, 57, 63, 65, 69, 79, 87, 112, 119, 136, 141, 159, 161, 164, 165, 169, 174, 179
Second Alcibiades, 55
Second Letter, 9, 181
Seventh Letter, 9
Statesman, 29
Symposium, 9, 83, 179
Theaetetus, 113
Plochmann, George, 5
Protagoras, 16, 32, 38
Pythagoras, 105, 137

Rankin, H. D., 16, 27, 83
Renehan, R., 42
Robinson, Franklin, 5
Romilly, Jacqueline de, 4, 16, 23, 24, 27, 29, 33, 37, 83, 88, 90, 147
Rorty, Richard, 1
Rosen, Stanley, 9

Sallis, John, 7
Santas, Gerasimos, 4, 54, 56, 63, 71, 73, 76, 98, 113, 136
Saxonhouse, Arlene, 17, 18, 28, 61, 63, 88, 89, 158
Schleiermacher, Friedrich, 7, 8

Seung, T. K., 4, 18, 87, 128, 152, 153, 158, 178
Shorey, Paul, 3, 4, 33, 36, 38, 43, 94, 98, 144, 159, 168, 178
Smith, Nicholas, 65, 67, 140, 165, 168
Strauss, Leo, 7, 13

Taylor, A. E., 3, 4, 15, 17, 48, 72, 83, 86, 88, 159, 177
Themistius, 3
Themistocles, 30, 89, 116, 127, 128, 152, 153, 157
Thompson, W. H., 78
Thucydides, 28, 61, 87, 128, 129, 153, 158

Vickers, Brian, 159
Villa, Dana, 158, 165
Vlastos, Gregory, 8, 71, 72, 73, 140
Voegelin, Eric, 4, 15, 63, 83, 137, 138, 159, 168, 169, 178

Weiss, Roslyn, 27, 29, 32, 38
Williams, Bernard, 3

Xenophon, 18, 135
Xerxes, 87, 89, 128

图书在版编目（CIP）数据

论柏拉图《高尔吉亚》的统一性：修辞、正义与哲学生活 /（美）德文·斯托弗（Devin Stauffer）著；吴立立，林鹿珊译. -- 北京：华夏出版社有限公司，2020.10

（西方传统：经典与解释）

书名原文：The Unity of Plato's *Gorgias*: Rhetoric, Justice, and the Philosophic Life

ISBN 978-7-5080-9958-3

Ⅰ. ①论… Ⅱ. ①德… ②吴… ③林… Ⅲ. ①柏拉图（Platon 前427-前347）－哲学思想－思想评论 Ⅳ. ①B502.232

中国版本图书馆 CIP 数据核字（2020）第 098507 号

This is a Simplified-Chinese translation edition of the following title published by Cambridge University Press: The Unity of Plato's *Gorgias*: Rhetoric, Justice, and the Philosophic Life（ISBN 0521108324）
Copyright © Devin Stauffer 2006
This Simplified-Chinese translation edition for the People's Republic of China (excluding Hong Kong, Macau and Taiwan) is published by arrangement with the Press Syndicate of the University of Cambridge, Cambridge, United Kingdom.
© Cambridge University Press and Huaxia Publishing House Co., Ltd.2020
This Simplified-Chinese translation edition is authorized for sale in the People's Republic of China (excluding Hong Kong, Macau and Taiwan) only. Unauthorised export of this Simplified-Chinese translation edition is a violation of the Copyright Act. No part of this publication may be reproduced or distributed by any means, or stored in a database or retrieval system, without the prior written permission of Cambridge University Press and Huaxia Publishing House Co., Ltd.
Copies of this book sold without a Cambridge University Press sticker on the cover are unauthorized and illegal.
本书封面贴有 Cambridge University Press 防伪标签，无标签者不得销售。

北京市版权局著作权合同登记号：图字 01-2015-3044 号

论柏拉图《高尔吉亚》的统一性——修辞、正义与哲学生活

作　　者	[美] 德文·斯托弗
译　　者	吴立立　林鹿珊
责任编辑	李安琴
责任印制	刘　洋
出版发行	华夏出版社有限公司
经　　销	新华书店
印　　装	三河市少明印务有限公司
版　　次	2020 年 10 月北京第 1 版 2020 年 10 月北京第 1 次印刷
开　　本	880×1230　1/32
印　　张	6.5
字　　数	157 千字
定　　价	48.00 元

华夏出版社有限公司 地址：北京市东直门外香河园北里4号　邮编：100028
网址：www.hxph.com.cn　电话：(010)64663331（转）

若发现本版图书有印装质量问题，请与我社营销中心联系调换。

西方传统：经典与解释
Classici et Commentarii
HERMES
刘小枫◎主编

古今丛编

克尔凯郭尔　[美]江思图 著
货币哲学　[德]西美尔 著
孟德斯鸠的自由主义哲学　[美]潘戈 著
莫尔及其乌托邦　[德]考茨基 著
试论古今革命　[法]夏多布里昂 著
但丁：皈依的诗学　[美]弗里切罗 著
在西方的目光下　[英]康拉德 著
大学与博雅教育　董成龙 编
探究哲学与信仰　[美]郝岚 著
民主的本性　[法]马南 著
梅尔维尔的政治哲学　李小均 编/译
席勒美学的哲学背景　[美]维塞尔 著
果戈里与鬼　[俄]梅列日科夫斯基 著
自传性反思　[美]沃格林 著
黑格尔与普世秩序　[美]希克斯 等著
新的方式与制度　[美]曼斯菲尔德 著
科耶夫的新拉丁帝国　[法]科耶夫 等著
《利维坦》附录　[英]霍布斯 著
或此或彼（上、下）　[丹麦]基尔克果 著
海德格尔式的现代神学　刘小枫 选编
双重束缚　[法]基拉尔 著
古今之争中的核心问题　[德]迈尔 著
论永恒的智慧　[德]苏索 著
宗教经验种种　[美]詹姆斯 著
尼采反卢梭　[美]凯斯·安塞尔-皮尔逊 著
舍勒思想评述　[美]弗林斯 著
诗与哲学之争　[美]罗森 著
神圣与世俗　[罗]伊利亚德 著
但丁的圣约书　[美]霍金斯 著

古典学丛编

赫西俄德的宇宙　[美]珍妮·施特劳斯·克莱 著
论王政　[古罗马]金嘴狄翁 著
论希罗多德　[古罗马]卢里叶 著
探究希腊人的灵魂　[美]戴维斯 著
尤利安文选　马勇 编/译
论月面　[古罗马]普鲁塔克 著
雅典谐剧与逻各斯　[美]奥里根 著
菜园哲人伊壁鸠鲁　罗晓颖 选编
《劳作与时日》笺释　吴雅凌 撰
希腊古风时期的真理大师　[法]德蒂安 著
古罗马的教育　[英]葛怀恩 著
古典学与现代性　刘小枫 编
表演文化与雅典民主政制
[英]戈尔德希尔、奥斯本 编
西方古典文献学发凡　刘小枫 编
古典语文学常谈　[德]克拉夫特 著
古希腊文学常谈　[英]多佛 等著
撒路斯特与政治史学　刘小枫 编
希罗多德的王霸之辨　吴小锋 编/译
第二代智术师　[英]安德森 著
英雄诗系笺释　[古希腊]荷马 著
统治的热望　[美]福特 著
论埃及神学与哲学　[古希腊]普鲁塔克 著
凯撒的剑与笔　李世祥 编/译
伊壁鸠鲁主义的政治哲学
[意]詹姆斯·尼古拉斯 著
修昔底德笔下的人性　[美]欧文 著
修昔底德笔下的演说　[美]斯塔特 著
古希腊政治理论　[美]格雷纳 著
神谱笺释　吴雅凌 撰
赫西俄德：神话之艺
[法]居代·德·拉孔波 等著
赫拉克勒斯之盾笺释　罗逍然 译笺
《埃涅阿斯纪》章义　王承教 选编
维吉尔的帝国　[美]阿德勒 著
塔西佗的政治史学　曾维术 编

古希腊诗歌丛编
古希腊早期诉歌诗人　[英]鲍勒 著
诗歌与城邦　[美]费拉格、纳吉 主编
阿尔戈英雄纪（上、下）
[古希腊]阿波罗尼俄斯 著
俄耳甫斯教祷歌　吴雅凌 编译
俄耳甫斯教辑语　吴雅凌 编译

古希腊肃剧注疏集
希腊肃剧与政治哲学　[美]阿伦斯多夫 著

古希腊礼法研究
希腊人的正义观　[英]哈夫洛克 著

廊下派集
廊下派的苏格拉底　程志敏 徐健 选编
廊下派的神和宇宙　[墨]里卡多·萨勒斯 编
廊下派的城邦观　[英]斯科菲尔德 著

希伯莱圣经历代注疏
希腊化世界中的犹太人　[英]威廉逊 著
第一亚当和第二亚当　[德]朋霍费尔 著

新约历代经解
属灵的寓意　[古罗马]俄里根 著

基督教与古典传统
保罗与马克安　[德]文森 著
加尔文与现代政治的基础　[美]汉考克 著
无执之道　[德]文森 著
恐惧与战栗　[丹麦]基尔克果 著
托尔斯泰与陀思妥耶夫斯基
[俄]梅列日科夫斯基 著
论宗教大法官的传说　[俄]罗赞诺夫 著
海德格尔与有限性思想（重订版）
刘小枫 选编
上帝国的信息　[德]拉加茨 著
基督教理论与现代　[德]特洛尔奇 著
亚历山大的克雷芒　[意]塞尔瓦托·利拉 著
中世纪的心灵之旅　[意]圣·波纳文图拉 著

德意志古典传统丛编
论荷尔德林　[德]沃尔夫冈·宾德尔 著

彭忒西勒亚　[德]克莱斯特 著
穆佐书简　[奥]里尔克 著
纪念苏格拉底——哈曼文选　刘新利 选编
夜颂中的革命和宗教　[德]诺瓦利斯 著
大革命与诗化小说　[德]诺瓦利斯 著
黑格尔的观念论　[美]皮平 著
浪漫派风格——施勒格尔批评文集　[德]施勒格尔 著

美国宪政与古典传统
美国1787年宪法讲疏　[美]阿纳斯塔普罗 著

世界史与古典传统
伊丽莎白时代的世界图景　[英]蒂利亚德 著
西方古代的天下观　刘小枫 编
从普遍历史到历史主义　刘小枫 编

启蒙研究丛编
浪漫的律令　[美]拜泽尔 著
现实与理性　[法]科维纲 著
论古人的智慧　[英]培根 著
托兰德与激进启蒙　刘小枫 编
图书馆里的古今之战　[英]斯威夫特 著

政治史学丛编
自然科学史与玫瑰　[法]雷比瑟 著

地缘政治学丛编
克劳塞维茨之谜　[英]赫伯格-罗特 著
太平洋地缘政治学　[德]卡尔·豪斯霍弗 著

荷马注疏集
不为人知的奥德修斯　[美]诺特维克 著
模仿荷马　[美]丹尼斯·麦克唐纳 著

品达注疏集
幽暗的诱惑　[美]汉密尔顿 著

欧里庇得斯集
自由与僭越　罗峰 编译

阿里斯托芬集
《阿卡奈人》笺释　[古希腊]阿里斯托芬 著

色诺芬注疏集
居鲁士的教育　[古希腊]色诺芬 著

色诺芬的《会饮》　[古希腊]色诺芬 著

柏拉图注疏集
　　立法与德性——柏拉图《法义》发微　林志猛 编
　　柏拉图的灵魂学　[加]罗宾逊 著
　　柏拉图书简　彭磊 译注
　　克力同章句　程志敏 郑兴凤 撰
　　哲学的奥德赛——《王制》引论　[美]郝兰 著
　　爱欲与启蒙的迷醉　[美]贝尔格 著
　　为哲学的写作技艺一辩　[美]伯格 著
　　柏拉图式的迷宫——《斐多》义疏　[美]伯格 著
　　哲学如何成为苏格拉底式的　[美]朗佩特 著
　　苏格拉底与希琵阿斯　王江涛 编译
　　理想国　[古希腊]柏拉图 著
　　谁来教育老师　刘小枫 编
　　立法者的神学　林志猛 编
　　柏拉图对话中的神　[法]薇依 著
　　厄庇诺米斯　[古希腊]柏拉图 著
　　智慧与幸福　程志敏 选编
　　论柏拉图对话　[德]施莱尔马赫 著
　　柏拉图《美诺》疏证　[美]克莱因 著
　　政治哲学的悖论　[美]郝岚 著
　　神话诗人柏拉图　张文涛 选编
　　阿尔喀比亚德　[古希腊]柏拉图 著
　　叙拉古的雅典异乡人　彭磊 选编
　　阿威罗伊论《王制》　[阿拉伯]阿威罗伊 著
　　《王制》要义　刘小枫 选编
　　柏拉图的《会饮》　[古希腊]柏拉图 等著
　　苏格拉底的申辩（修订版）　[古希腊]柏拉图 著
　　苏格拉底与政治共同体　[美]尼柯尔斯 著
　　政制与美德——柏拉图《法义》疏解　[美]潘戈 著
　　《法义》导读　[法]卡斯代尔·布舒奇 著
　　论真理的本质　[德]海德格尔 著
　　哲人的无知　[德]费勃 著
　　米诺斯　[古希腊]柏拉图 著
　　情敌　[古希腊]柏拉图 著

亚里士多德注疏集
　　《诗术》译笺与通绎　陈明珠 撰
　　亚里士多德《政治学》中的教诲　[美]潘戈 著
　　品格的技艺　[美]加佛 著
　　亚里士多德哲学的基本概念　[德]海德格尔 著
　　《政治学》疏证　[意]托马斯·阿奎那 著
　　尼各马可伦理学义疏　[美]伯格 著
　　哲学之诗　[美]戴维斯 著
　　对亚里士多德的现象学解释　[德]海德格尔 著
　　城邦与自然——亚里士多德与现代性　刘小枫 编
　　论诗术中篇义疏　[阿拉伯]阿威罗伊 著
　　哲学的政治　[美]戴维斯 著

普鲁塔克集
　　普鲁塔克的《对比列传》　[英]达夫 著
　　普鲁塔克的实践伦理学　[比利时]胡芙 著

阿尔法拉比集
　　政治制度与政治箴言　阿尔法拉比 著

马基雅维利集
　　君主及其战争技艺　娄林 选编

莎士比亚绎读
　　莎士比亚的历史剧　[英]蒂利亚德 著
　　莎士比亚戏剧与政治哲学　彭磊 选编
　　莎士比亚的政治盛典　[美]阿鲁里斯/苏利文 编
　　丹麦王子与马基雅维利　罗峰 选编

洛克集
　　上帝、洛克与平等　[美]沃尔德伦 著

卢梭集
　　论哲学生活的幸福　[德]迈尔 著
　　致博蒙书　[法]卢梭 著
　　政治制度论　[法]卢梭 著
　　哲学的自传　[美]戴维斯 著
　　文学与道德杂篇　[法]卢梭 著
　　设计论证　[美]吉尔丁 著
　　卢梭的自然状态　[美]普拉特纳 等著
　　卢梭的榜样人生　[美]凯利 著

莱辛注疏集

汉堡剧评　[德]莱辛 著
关于悲剧的通信　[德]莱辛 著
《智者纳坦》（研究版）　[德]莱辛 等著
启蒙运动的内在问题　[美]维塞尔 著
莱辛剧作七种　[德]莱辛 著
历史与启示——莱辛神学文选　[德]莱辛 著
论人类的教育　[德]莱辛 著

尼采注疏集

何为尼采的扎拉图斯特拉　[德]迈尔 著
尼采引论　[德]施特格迈尔 著
尼采与基督教　刘小枫 编
尼采眼中的苏格拉底　[美]丹豪瑟 著
尼采的使命　[美]朗佩特 著
尼采与现时代　[美]朗佩特 著
动物与超人之间的绳索　[德]A.彼珀 著

施特劳斯集

论僭政（重订本）　[美]施特劳斯 [法]科耶夫 著
苏格拉底问题与现代性（增订本）
犹太哲人与启蒙（增订本）
霍布斯的宗教批判
斯宾诺莎的宗教批判
门德尔松与莱辛
哲学与律法——论迈蒙尼德及其先驱
迫害与写作艺术
柏拉图式政治哲学研究
论柏拉图的《会饮》
柏拉图《法义》的论辩与情节
什么是政治哲学
古典政治理性主义的重生（重订本）
回归古典政治哲学——施特劳斯通信集
苏格拉底与阿里斯托芬

＊＊＊

施特劳斯的持久重要性　[美]朗佩特 著
论源初遗忘　[美]维克利 著

政治哲学与启示宗教的挑战　[德]迈尔 著
阅读施特劳斯　[美]斯密什 著
施特劳斯与流亡政治学　[美]谢帕德 著
隐匿的对话　[德]迈尔 著
驯服欲望　[法]科耶夫 等著

施米特集

宪法专政　[美]罗斯托 著
施米特对自由主义的批判　[美]约翰·麦考米克 著

伯纳德特集

古典诗学之路（第二版）　[美]伯格 编
弓与琴（重订本）　[美]伯纳德特 著
神圣的罪业　[美]伯纳德特 著

布鲁姆集

巨人与侏儒（1960-1990）
人应该如何生活——柏拉图《王制》释义
爱的设计——卢梭与浪漫派
爱的戏剧——莎士比亚与自然
爱的阶梯——柏拉图的《会饮》
伊索克拉底的政治哲学

沃格林集

自传体反思录　[美]沃格林 著

大学素质教育读本

古典诗文绎读 西学卷·古代编（上、下）
古典诗文绎读 西学卷·现代编（上、下）

中国传统：经典与解释
Classici et Commentarii
刘小枫　陈少明◎主编

《孔丛子》训读及研究　/雷欣翰 撰
论语说义　/[清]宋翔凤 撰
周易古经注解考辨　/李炳海 著
浮山文集　/[明]方以智 著
药地炮庄　/[明]方以智 著
药地炮庄笺释·总论篇　/[明]方以智 著

青原志略 / [明]方以智 编
冬灰录 / [明]方以智 著
冬炼三时传旧火 / 邢益海 编
《毛诗》郑王比义发微 / 史应勇 著
宋人经筵诗讲义四种 / [宋]张纲 等撰
道德真经藏室纂微篇 / [宋]陈景元 撰
道德真经四子古道集解 / [金]寇才质 撰
皇清经解提要 / [清]沈豫 撰
经学通论 / [清]皮锡瑞 著
松阳讲义 / [清]陆陇其 著
起凤书院答问 / [清]姚永朴 撰
周礼疑义辨证 / 陈衍 撰
《铎书》校注 / 孙尚扬 肖清和 等校注
韩愈志 / 钱基博 著
论语辑释 / 陈大齐 著
《庄子·天下篇》注疏四种 / 张丰乾 编
荀子的辩说 / 陈文洁 著
古学经子 / 王锦民 著
经学以自治 / 刘少虎 著
从公羊学论《春秋》的性质 / 阮芝生 撰

现代人及其敌人
海德格尔与中国
共和与经纶
现代性与现代中国
现代性社会理论绪论
诗化哲学［重订本］
拯救与逍遥［修订本］
走向十字架上的真
西学断章

编修［博雅读本］
　凯若斯：古希腊语文读本［全二册］
　古希腊语文学述要
　雅努斯：古典拉丁语文读本
　古典拉丁语文学述要
　危微精一：政治法学原理九讲
　琴瑟友之：钢琴与古典乐色十讲

译著
　普罗塔戈拉（详注本）
　柏拉图四书

刘小枫集

民主与政治德性
昭告幽微
以美为鉴
古典学与古今之争［增订本］
这一代人的怕和爱［第三版］
沉重的肉身［珍藏版］
圣灵降临的叙事［增订本］
罪与欠
儒教与民族国家
拣尽寒枝
施特劳斯的路标
重启古典诗学
设计共和

经典与解释辑刊

1. 柏拉图的哲学戏剧
2. 经典与解释的张力
3. 康德与启蒙
4. 荷尔德林的新神话
5. 古典传统与自由教育
6. 卢梭的苏格拉底主义
7. 赫尔墨斯的计谋
8. 苏格拉底问题
9. 美德可教吗
10. 马基雅维利的喜剧
11. 回想托克维尔
12. 阅读的德性
13. 色诺芬的品味
14. 政治哲学中的摩西
15. 诗学解诂
16. 柏拉图的真伪
17. 修昔底德的春秋笔法
18. 血气与政治
19. 索福克勒斯与雅典启蒙
20. 犹太教中的柏拉图门徒
21. 莎士比亚笔下的王者
22. 政治哲学中的莎士比亚
23. 政治生活的限度与满足
24. 雅典民主的谐剧
25. 维柯与古今之争
26. 霍布斯的修辞
27. 埃斯库罗斯的神义论
28. 施莱尔马赫的柏拉图
29. 奥林匹亚的荣耀
30. 笛卡尔的精灵
31. 柏拉图与天人政治
32. 海德格尔的政治时刻
33. 荷马笔下的伦理
34. 格劳秀斯与国际正义
35. 西塞罗的苏格拉底
36. 基尔克果的苏格拉底
37. 《理想国》的内与外
38. 诗艺与政治
39. 律法与政治哲学
40. 古今之间的但丁
41. 拉伯雷与赫尔墨斯秘学
42. 柏拉图与古典乐教
43. 孟德斯鸠论政制衰败
44. 博丹论主权
45. 道伯与比较古典学
46. 伊索寓言中的伦理
47. 斯威夫特与启蒙
48. 赫西俄德的世界
49. 洛克的自然法辩难
50. 斯宾格勒与西方的没落
51. 地缘政治学的历史片段
52. 施米特论战争与政治
53. 普鲁塔克与罗马政治
54. 罗马的建国叙述
55. 亚历山大与西方的大一统
56. 马西利乌斯的帝国